Thomas Möbius

Beliebte Gedichte interpretiert

Bange Verlag

Über den Autor:

Thomas Möbius, geboren 1963 in Heidelberg, Studium der Germanistik und ev. Theologie, Promotion zum Dr. phil. in der germanistischen Mediävistik, Stipendiat der Konrad-Adenauer-Stiftung, Lehraufträge an der Universität Heidelberg, 1991–2001 Lehrer an einem Gymnasium in Mannheim, seit 2002 Akademischer Rat für Literaturwissenschaft und Literaturdidaktik an der Pädagogischen Hochschule Heidelberg, mehrjährige Auslandsaufenthalte in Mailand, Rom und Singapur, Autor von Lernhilfen und Königs-Erläuterungen des Bange Verlags.

4. Auflage 2011
ISBN 978-3-8044-1539-3

Druck und Weiterverarbeitung: Finidr s. r. o.

Inhaltsverzeichnis

* Gedichte, die für die Mittelstufe geeignet sind

1. Vorwort

Der vorliegende Band versammelt eine Auswahl von Gedichten, die in der Schule gerne gelesen werden. Der Grund für diese Beliebtheit liegt darin, dass sie in idealtypischer Weise die Merkmale bestimmter literarischer Strömungen und Epochen verkörpern und damit exemplarisches Lernen ermöglichen. Der zeitliche Rahmen der ausgewählten Gedichte umfasst daher eine Spanne, die vom Mittelalter bis in die Gegenwart reicht; die Gedichte sind somit hervorragend für die Einführung in literarische Epochen geeignet. Dabei orientieren sich die jeweiligen Lösungsvorschläge an einem Ansatz, der auf der Grundlage von textimmanenten Informationen eine Deutung weithin plausibel macht.

Das Buch empfiehlt sich für Schülerinnen und Schüler, die einen schnellen Überblick über epochentypische lyrische Texte bekommen wollen und die sich auf die Aufsatzform der Gedichtinterpretation vorbereiten müssen.

Lehrerinnen und Lehrern stellt das Buch Unterlagen zur Verfügung, die eine schnelle und verlässliche Unterrichtsvorbereitung erlauben.

2. Beliebte Gedichte und ihre Interpretationsaufsätze

2.1 Unbekannter Dichter
Du bist mîn

Lesetext

Unbekannter Dichter
***Du bist mîn* (zw. 1150 u. 1200)**

Dû bist mîn, ich bin dîn:
des solt dû gewis sîn.

Dû bist beslozzen
in minem herzen:

Verlorn ist daz slüzzelîn:
dû muost immer drinne sîn.

Stichwortartige Ausarbeitung des Interpretationsaufsatzes

A. Einleitung

Gedicht als Abschluss eines lateinischen Liebesbriefes aus dem 12. Jh. überliefert, steht am Anfang von Karl Lachmanns berühmter Ausgabe *Des Minnesangs Frühling*. Verfasser unbekannt, Thema deutlich: Es geht um Liebe.

B. Hauptteil: Interpretation

I. Inhalt, Aussage, Form

1. Inhalt

Lyrisches Ich versichert der angesprochenen Person, dass beide zueinander gehören, dass die angesprochene Person gar im Herzen des lyrischen Ichs eingeschlossen sei. Sie muss für immer in diesem Herzen bleiben, da der Schlüssel verloren gegangen ist.

2. Aussage

Liebe nicht als kurz andauernder Affekt, sondern als ewig dauernde Gewissheit.

3. Form

Einfaches Gedicht, drei aneinandergereihte Verspaare, unreiner Reim (z. B. V. 2 f.), schmuckloser Ausdruck, knapper, parataktischer Stil. Symbol des Herzens als Sitz des Gefühls. Optische Anordnung: Verse, in denen mitgeteilt wird, dass die angesprochene Person im Herzen eingeschlossen ist, werden „eingeschlossen" von V. 1 f. und V. 3 f., symmetrisches Bauprinzip. Aufbau spiegelt Aussage wider.

II. Liebesthematik

Liebe als ewiges Zueinandergehören, das sich nicht mehr lösen lässt; das Sich-Binden und Sich-Schenken als Akt der Hingabe, der auch der Versicherung bedarf (vgl. V. 2); kein Sexus, primär Eros.

C. Schluss

Als Liebesgedicht von der Minnethematik mit ihrem Dienstgedanken noch weit entfernt, auch formal entspricht es nicht dem Aufbau eines Minneliedes; inhaltlich aber: das Ideal der lebenslangen Liebe. Idealisierung auch als Merkmal der Minnelieder: Überhöhung der Frau.

2.2 Martin Luther

***Der XLVI. Psalm. Deus noster refugium et virtus*[1]**

Info

Martin Luther wird 1483 in Eisleben geboren. 1505 tritt er in das dortige Augustinerkloster ein. Nach dem Studium der Theologie wird er 1512 Universitätsprofessor in Leipzig. Die Veröffentlichung seiner 95 Thesen im Jahre 1517 begründet seinen Konflikt mit der römischen Amtskirche. In zahlreichen Flugschriften (*Die babylonische Gefangenschaft der Kirche, Von der Freiheit eines Christenmenschen*) stellt er seine Vorstellungen einer reformierten Kirche dar. Seine Schriften sind zugleich eine wichtige Station auf dem Weg zu einer deutschen Einheitssprache (Bibelübersetzung aus dem Hebräischen bzw. Griechischen ins Deutsche). Luther stirbt 1546 in Eisleben.

1 Gott ist unsere Zuversicht und Stärke.

Martin Luther (1483–1546)
Der XLVI. Psalm. Deus noster refugium et virtus[1] (1524)

Lesetext

Ein feste burg ist unser Gott,
Ein gute wehr und waffen.
Er hilfft uns frey aus aller not,
die uns jtzt hat betroffen.
Der alt böse feind
mit ernst ers jtzt meint,
gros macht und viel list
sein grausam rüstung ist,
auff erd ist nicht seins gleichen.
Mit unser macht ist nichts getan,
wir sind gar bald verloren,
Es streit für uns der rechte man,
den Gott hat selbs erkoren.
Fragstu wer der ist?
Er heist Jhesu Christ,
der Herr Zebaoth,
Und ist kein ander Gott,
das felt mus er behalten.

Und wenn die welt voll Teuffel wer
und wolt uns gar verschlingen,
So fürchten wir uns nicht so sehr,
Es sol uns doch gelingen.
Der Fürst dieser welt,
wie saur er sich stelt,
thut er uns doch nicht,
das macht er ist gericht,
Ein wörtlein kan jn fellen.

Das wort sie sollen lassen stan
und kein danck dazu haben,
Er ist bey uns wol auff dem plan
mit seinem geist und gaben.
Nemen sie den leib,
gut, ehr, kind und weib,
las faren dahin,
sie habens kein gewin,
das reich mus uns doch bleiben.

Stichwortartige Ausarbeitung des Interpretationsaufsatzes

A. Einleitung

Martin Luther als Theologe, vor allem Reformator, der sich gegen den Ablasshandel der katholischen Kirche wendet, woraus die reformierte Kirche erwächst. Erlösung kann man sich seiner Vorstellung nach nicht mit Geld erkaufen, sondern nur durch den Glauben und die Gnade Gottes erlangen. Jesus Christus und der Glaube an ihn stehen im Mittelpunkt. In dem Kirchenlied über den 46. Psalm wird die religiöse Überzeugung ausgedrückt, dass mit dem Glauben an Gott alle Gefahren der diesseitigen und jenseitigen Welt überwindbar sind.

B. Hauptteil: Interpretation

I. Inhalt und Aussage

1. Inhalt

Strophe 1: Gott schützt den Menschen vor Anfeindungen, er hilft ihm aus Notlagen heraus. Der Widersacher Gottes, der Teufel, hat den Kampf mit allem Ernst begonnen, er bedient sich der List und hat eine große Macht auf der Erde.

Strophe 2: Nur mit Menschenmacht könnte man nichts gegen den Teufel ausrichten. Gott selbst hat mit Jesus Christus den ausgewählt, der für die Menschen in den Kampf zieht.

Strophe 3: Selbst wenn die Welt nur von Teufeln bevölkert wäre, so bliebe der Gläubige doch zuversichtlich. Diese Zuversicht gründet sich auf Gott, der den Teufel, den Fürsten der Welt, besiegt. Der Teufel kann durch ein einziges Wort besiegt werden.

Strophe 4: Der Gläubige hat sein Leben auf Gott hin ausgerichtet. Selbst wenn Leben, Ansehen, Familie weggenommen würden, also alles, was den Menschen in dieser Welt wertvoll ist, so gäbe er es doch gerne auf, weil er in der Zuversicht auf die Teilnahme am Reich Gottes lebt.

2. Aussage

Dem Menschen, der sein Leben auf Gott gründet, kann der Verlust der Werte, die in der Welt gelten, nichts anhaben. Er ist sicher in Gott und Jesus Christus geborgen.

II. Interpretationsansatz

Von dieser Sicherheit in der Glaubensüberzeugung sprechen auch andere Bibelstellen. Im *Neuen Testament* z. B. Römer 8,31: *Ist Gott für uns, wer kann wider uns sein? Der auch seinen eigenen Sohn nicht verschont hat, sondern hat ihn für uns alle dahingegeben – wie sollte er uns nicht alles schenken?* Gottesreichvorstellung: Dort, wo Gebote eingehalten werden, vor allem das Doppelgebot der Liebe (*Du sollst Gott lieben und deinen Nächsten wie dich selbst*), da ist das Gottesreich schon auf Erden greifbar.

C. Schluss

Tiefe Glaubensüberzeugung kommt zum Ausdruck, nicht mit theologischen Gedanken überfrachtet, bei Martin Luther reformatorisches Gedankengut. Die Glaubensgewissheit erinnert an die Barockzeit, in der der Dualismus Welt/Gottesreich auch deutlich wird. Bei Luther liegt die Betonung nicht so sehr auf der Vergänglichkeit oder der Nichtigkeit als vielmehr auf der Bedeutung, die Gott für den einzelnen Menschen hat.

2.3 Andreas Gryphius

Thränen in schwerer Krankheit. Anno 1640

Info

Andreas Gryphius (eigentlich Andreas Greif) wird 1616 in Groß-Glogau an der Oder geboren. Als Kind verliert er die Eltern und besucht von 1633 an das Gymnasium Academicum in Danzig. Erste schriftstellerische Versuche fallen in diese Zeit. Von 1638–44 macht er als Hauslehrer mit den Söhnen des Grafen Georg Schönborner eine ausgedehnte Bildungsreise, die ihn unter anderem nach Holland, Frankreich und Italien führt.
Nach seiner Rückkehr ist er weiter als Hauslehrer und Dichter, aber auch als Syndikus der protestantischen Landstände in schwierigen diplomatischen Aufgaben tätig. 1664 stirbt er in Glogau. Mit seinen Gedichten, in denen er das barocke Lebensgefühl treffend beschreibt, zählt er zu den wichtigsten Dichtern dieser Zeit.

Lesetext

Andreas Gryphius (1616–1664)
Thränen in schwerer Krankheit. Anno 1640

Mir ist ich weiß nicht wie / ich seufftze für und für.
Ich weine Tag und Nacht / ich sitz in tausend Schmertzen;
Und tausend fürcht ich noch / die Krafft in meinem Hertzen
Verschwindt / der Geist verschmacht / die Hände sincken mir.

Die Wangen werden bleich / der muntern Augen Zier
Vergeht / gleich als der Schein der schon verbrannten Kertzen.
Die Seele wird bestürmt gleich wie die See im Mertzen.
Was ist diß Leben doch / was sind wir / ich und ihr?

Was bilden wir uns ein! was wünschen wir zu haben?
Jtzt sind wir hoch und groß / und morgen schon vergraben:
Jtzt Blumen / morgen Koth / wir sind ein Wind / ein Schaum /

Ein Nebel und ein Bach / ein Reiff / ein Thau' / ein Schatten.
Jtzt was und morgen nichts / und was sind unser Thaten?
Als ein mit herber Angst durchaus vermischter Traum.

Stichwortartige Ausarbeitung des Interpretationsaufsatzes

A. Einleitung

Martin Opitz bestimmt mit seiner Poetologie die Dichtung des Barock. Von ihm stammt das Verdikt, das Sonett und Alexandriner als vorbildhaft für die Dichtung festlegt. Im Sonett sieht er die vornehmste Form der Dichtung, der Alexandriner unterstreicht die rhetorischen Elemente des Sonetts mit einer pathetischen Gebärde. Dem folgen auch die meisten Dichter des Barock. Auch das vorliegende Gedicht *Thränen in schwerer Krankheit. Anno 1640* von Andreas Gryphius ist ein Sonett. Es thematisiert die Klage eines kranken lyrischen Ichs angesichts der Vergänglichkeit des menschlichen Lebens.

B. Hauptteil: Interpretation

I. Inhaltlicher Aufbau

1. Quartett: allgemeine Schilderung des Leidens des lyrischen Ichs: Das lyrische Ich weint Tag und Nacht, weil es starke Schmerzen aushalten muss. Lebenskraft und Bewusstsein sieht es langsam verkümmern.

2. Quartett: äußere Erscheinung und seelischer Zustand: Die Wangen des Kranken sind bleich, die Augen glanzlos. Die Seele ist voller Unruhe. Was ein solches Leben überhaupt noch wert sei, fragt das lyrische Ich am Ende des 2. Quartetts.

1. und 2. Terzett: Verallgemeinerung des subjektiven Eindrucks: Klage über Einbildung und falsche Wünsche der Menschen. Alles, was jetzt schön ist, kann am nächsten Tag schon wieder vergangen sein. Die Taten des Menschen, die sein Leben ausmachen, sind nur ein mit Angst vermischter Traum.

II. Sprachliche und formale Mittel

Sonett, sechshebiger Jambus mit Zäsur, in Quartetten umarmender Reim mit männlicher (V. 1, V. 4, V. 5, V. 8) und weiblicher Kadenz (V. 2 f., V. 6 f.), in Terzetten Schweifreim mit männlicher (V. 11, V. 14) und weiblicher Kadenz (V. 9 f., V. 12 f.), pathetische Sprache, gravitätische Betonung durch Versmaß; Adjektive und Substantive, die die Depression beschreiben: z. B. seufzen (vgl. V. 1), weinen (vgl. V. 2), fürchten (vgl. V. 3), verschwinden (vgl. V. 4), verschmachten (vgl. V. 4), *sincken* (V. 4), *Schmertzen* (V. 2), *Koth* (V. 11), *Schaum* (V. 11), *Nebel* (V. 12), *Schatten* (V. 12).

Die folgenden poetischen Mittel drücken die Vergänglichkeit anschaulich aus:

- Vergleich: *als der Schein der schon verbrannten Kertzen* (V. 6);
- Vergleiche als Identifikationen und Metaphern, die menschliche Vergänglichkeit darstellen (vgl. V. 11);
- Enjambement (V. 5 f.) mit der Betonung des Vergehens durch den Verswechsel;
- Ellipse in V. 11 und V. 12, Asyndeton in V. 11 f. und rhetorische Frage in V. 8 sollen den Leser nachdenklich machen;
- Amplifikation (evtl. Hyperbel) in V. 1 f. als Ausdruck der Verzweiflung.

C. Schluss

Keine Erlebnisdichtung, sondern Rhetorik; Gryphius ist 24 Jahre alt, als er das Gedicht schreibt – mitten im Dreißigjährigen Krieg, der noch acht Jahre dauern wird. Der Dichter ist schwer erkrankt, was man an der Grundstimmung des Gedichtes deutlich merkt. Hier sei es also gestattet, Rückschlüsse zwischen Dichterleben und Gedicht zu ziehen. Gott nicht als Trost, aber mitgedacht; kommt z. B. im Gedicht *Auf das grausame Ungewitter/ so den 24. Aug. 1654 entstanden* zum Ausdruck.

2.4 Friedrich von Logau
Des Krieges Buchstaben

Info

Friedrich von Logau wird 1604 in Brockuth bei Nimptsch (Schlesien) geboren, er stirbt 1655 Liegnitz. Er studiert von 1625–31 Jura in Altdorf und Frankfurt a. d. Oder und widmet sich dann der Verwaltung des Familiengutes. Logau macht sich als Epigrammatiker vor allem durch die unter dem Pseudonym Salomon von Golaw herausgegebenen Sammlungen *Zwey Hundert Teutscher Reimen-Sprüche* (1638) und *Deutscher Sinn-Getichte Drey Tausend* (1654) einen Namen.

Lesetext

Friedrich von Logau (1604–1655)
Des Krieges Buchstaben **(1654)**

Kummer, der das Mark verzehret,
Raub, der Hab und Gut verheeret,
Jammer, der den Sinn verkehret,
Elend, das den Leib beschweret
Grausamkeit, die unrecht kehret,
Sind die Frucht, die Krieg gewähret.

Stichwortartige Ausarbeitung des Interpretationsaufsatzes

A. Einleitung

Der aus altem schlesischen Adelsgeschlecht stammende Friedrich von Logau erlebte den Dreißigjährigen Krieg in seiner vollen Länge. In seinen Gedichten setzt er sich aus einer konservativen Haltung heraus kritisch-satirisch mit der Wirklichkeit auseinander, den Hintergrund seiner Kritik bildet eine von ihm als ideal angesehene Vergangenheit, in der noch Tugenden wie Ehrlichkeit, Treue und Frömmigkeit gegolten haben. Im vorliegenden Gedicht *Des Krieges Buchstaben* aus dem Jahre 1654, sechs Jahre nach dem Ende des Dreißigjährigen Krieges also, thematisiert er die Auswirkungen, die der Krieg auf das menschliche Leben hat.

B. Hauptteil: Interpretation

I. Inhalt und Aussage

1. **Inhalt:** In sechs Versen werden jeweils typische materielle und immaterielle Auswirkungen (*Früchte*, vgl. V. 6) des Krieges herausgestellt: Sorge sowie Trauer bzw. Klage sind seelische Notlagen (vgl. V. 1, 3), materielle Folgen werden durch die Begriffe *Raub* (V. 2), *Elend* (V. 4) und *Grausamkeit* (V. 5) beschrieben.
2. **Aussage:** Die Folgen des Krieges treffen den Menschen innerlich und äußerlich mit großer Unerbittlichkeit. Positive Auswirkungen werden dem Krieg nicht zuerkannt – der Mensch kann sich den ihn vernichtenden *Früchten* (vgl. V. 6) nicht entziehen.

II. Formale und sprachliche Mittel

Markantes Mittel des Gedichtes ist seine Gestaltung als Akrostichon; beim Akrostichon bilden die ersten Buchstaben des Gedichtes senkrecht ein Wort oder einen Satz. In unserem Falle ist es das Wort „Krieg", das sich aus den Anfangsbuchstaben der Verse 1–5 bilden lässt; daher rührt auch der Titel des Gedichtes *Des Krieges Buchstaben*.

Die parallele syntaktische Konstruktion – jeder Vers besteht aus einem vom Hauptsatz in V. 6 abhängigen Prädikatsnomen mit einem erläuternden Relativsatz – verstärkt sowohl die Memorierbarkeit als auch die Eindringlichkeit der Verse. Denselben Zwecken dienen der durchgängige vierhebige Trochäus und die Verwendung des jeweils selben Reimwortes in Form des erweiterten Paarreims.

Das Gedicht ist in der im Barock beliebten Form des Epigramms gestaltet. Ein Epigramm, dt. „Sinngedicht", war in der Antike eine kurze Aufschrift auf Kunstwerken sowie Grab- und Denkmälern. Die von Lessing in *Zerstreute Anmerkungen über das Epigramm und einige der vornehmsten Epigrammatiker* (1771) so bestimmten konstitutiven Bestandteile des Epigramms, nämlich die „Erwartung" hinsichtlich der Klärung eines Sachverhaltes und der „Aufschluss", die Befriedigung der Erwartung in einer Pointe, lassen sich in den V. 1–5 (Auslösung einer Erwartungshaltung durch Nennung von Begriffen) und V. 6 (Auflösung) nachweisen.

C. Schluss

Der Appell, den das Sinngedicht formuliert, ist heute so aktuell wie in der Zeit nach dem Dreißigjährigen Krieg: Gewaltsame Auseinandersetzungen bringen unermessliches Leid für Beteiligte und Unbeteiligte mit sich. An dieser Wahrheit hat sich seither nichts geändert, da es weiterhin kriegerische Auseinandersetzungen in großer Zahl gibt. Und auch an der Wahrheit hat sich nichts geändert, dass es Menschen gibt, die am Leiden, das der Krieg über andere bringt, verdienen; diese Menschen nennt Logau im Epigramm *Abgedanckte Soldaten* überaus treffend *eitel fremde Leute* (V. 12):

Lesetext

Abgedanckte Soldaten (1654)

Würmer im Gewissen
Kleider wol zerissen
Wolbenarbte Leiber
Wolgebrauchte Weiber
Vngewisse Kinder
Weder Pferd noch Rinder
Nimmer Brot im Sacke
Nimmer Geld im Packe
Haben mit genummen
Die vom Kriege kummen:
Wer dann hat die Beute?
Eitel fremde Leute.

2.5 Johann Wolfgang von Goethe
Prometheus

Info

Johann Wolfgang von Goethe wird 1749 in Frankfurt am Main als Kind wohlhabender Eltern geboren. Schon früh beginnt er, kleinere Erzählungen und Gedichte zu verfassen. Von 1765 bis 1771 studiert er Rechtswissenschaften in Leipzig. Während seiner Tätigkeit als Gerichtsreferendar in Wetzlar ab 1772 schreibt er den Briefroman *Die Leiden des jungen Werther*, der ihn berühmt macht. Von 1775 an ist er als Geheimer Rat und Berater des Erbprinzen von Sachsen-Weimar in Weimar tätig. Während seiner Reise nach Italien (1786–1788) entwickelt er das klassische Kunstideal und das idealistische Menschenbild; er realisiert beides z. B. in seinem Drama *Iphigenie auf Tauris*.
1794 beginnt die intensive Freundschaft mit Friedrich Schiller, die erst durch Schillers Tod 1805 beendet wird. Goethe stirbt 1832 in Weimar. Er gilt neben Schiller als der herausragende Dichter des Sturm und Drang und der Klassik. Sein umfangreiches Werk umfasst neben naturwissenschaftlichen Studien Gedichte, Dramen (*Faust I* und *Faust II*, *Egmont*) und epische Werke (*Wilhelm Meisters Lehrjahre*).

Johann Wolfgang von Goethe (1749–1832)
Prometheus **(1774)**

Lesetext

Bedecke deinen Himmel, Zeus,
Mit Wolkendunst!
Und übe, Knaben gleich,
Der Diesteln köpft,
An Eichen dich und Bergeshöhn!
Musst mir meine Erde
Doch lassen stehn,
Und meine Hütte,
Die du nicht gebaut,
Und meinen Herd,
Um dessen Glut
Du mich beneidest.

Ich kenne nichts Ärmer's
Unter der Sonn', als euch Götter.
Ihr nähret kümmerlich
Von Opfersteuern
Und Gebetshauch
Eure Majestät
Und darbtet, wären
Nicht Kinder und Bettler
Hoffnungsvolle Toren.

Da ich ein Kind war,
Nicht wusste, wo aus, wo ein,
Kehrt ich mein verirrtes Aug'
Zur Sonne, als wenn drüber wär'
Ein Ohr, zu hören meine Klage,
Ein Herz wie meins,
Sich des Bedrängten zu erbarmen.

Wer half mir wider
Der Titanen Übermut?
Wer rettete vom Tode mich,
Von Sklaverei?
Hast du's nicht alles selbst vollendet,
Heilig glühend Herz?
Und glühtest, jung und gut,
Betrogen, Rettungsdank

Dem Schlafenden da droben?
Ich dich ehren? Wofür?
Hast du die Schmerzen gelindert
Je des Beladenen?
Hast du die Tränen gestillet
Je des Geängsteten?

Hat nicht mich zum Manne geschmiedet
Die allmächtige Zeit
Und das ewige Schicksal,
Meine Herren und deine?

Wähntest du etwa,
Ich sollte das Leben hassen,
In Wüsten fliehen,
Weil nicht alle Knabenmorgen-
Blütenträume reiften?

Hier sitz' ich, forme Menschen
Nach meinem Bilde,
Ein Geschlecht, das mir gleich sei,
Zu leiden, weinen,
Genießen und zu freuen sich,
Und dein nicht zu achten,
Wie ich.

Stichwortartige Ausarbeitung des Interpretationsaufsatzes

A. Einleitung

Hymne ursprünglich als meist religiöser Lob- und Preisgesang, im Mittelalter besonders in Klöstern gern benutzt; Hymne der Neuzeit losgelöst aus dem gottesdienstlichen Bereich, sie dient dem Lob Gottes, von Fürsten, von Tugenden; Klopstock gibt der Hymne neue formale Elemente wie den so genannten freien Rhythmus, Abschnittseinteilung und kühne Metaphern. Goethe übernimmt Klopstocks formale Anregungen und gestaltet sie in seinem 1774 entstandenen Gedicht *Prometheus*, das das Selbstbewusstsein des Menschen gegenüber Gott thematisiert. Prometheus ist in der griechischen Sage einer der Titanen und gilt als Schöpfer der Menschen. Da er dem Willen der Götter nicht gehorcht und den Menschen das Feuer bringt, wird er an einen Felsen im Kaukasus geschmiedet, wo ihm ein Adler täglich ein Stück der Leber entreißt. Erst Herakles befreit ihn später aus seiner Gefangenschaft.

B. Hauptteil: Interpretation

I. Inhalt und Aussage

1. Inhalt

Prometheus weist Zeus darauf hin, dass er die Erde und alles, was darauf ist, erschaffen habe und er meint, dass Zeus ihn darum beneidet. Die Götter seien arme Wesen, weil sie sich nur von Opfern ernähren, die von Kindern und Bettlern stammen. Prometheus gibt zu, dass auch er sich als unverständiges Kind an die Götter gewendet und auf ihr Mitgefühl gehofft habe. Von ihnen habe er aber keine Hilfe erfahren, meint Prometheus; sein eigenes mutiges Herz habe ihm aus der Bedrängnis geholfen. Fälschlicherweise habe er den schlafenden Göttern dafür gedankt. Zeus habe niemals Schmerzen gelindert oder Trauernden geholfen. Genauso wie Prometheus sei er der Zeit und dem Schicksal unterworfen. Prometheus erschaffe Menschen, die der Freude, des Leidens, des Genießens fähig seien und die Zeus genau wie er selbst nicht anerkennen.

2. Aussage

Absage an einen Herrschergott und seine stolze Selbstbehauptung, Ausleben des unerschöpflichen Schöpfer- und Lebensdrangs, wie er in der Natur und im Künstler (Geniegedanke des Sturm und Drang) wirkt. Prometheus erfährt höchste Kraftfülle in trotziger Vereinzelung, Stichwort: „Verselbstigung".

II. Sprachliche und formale Mittel

Die trotzige Selbstbehauptung zeigt sich im Verzicht auf klassische metrische Formen und im leidenschaftlichen Gestus des Gedichts. Der freie Rhythmus, bei dem feste metrische Formen, Reime, gleiche Vers- oder Strophenlänge aufgegeben werden und der rhythmisch stark gegliedert ist, ist die angemessene Ausdrucksform des sich emanzipierenden Individuums; er entspricht der emotionalen Grundstimmung des Gedichts, verdeutlicht die aufgewühlten Gefühle. Die Ablehnung Gottes und seine Machtlosigkeit werden in dem Vergleich: *Knaben gleich, der Diesteln köpft* (V. 3 f.) anschaulich gemacht. Zahlreiche Enjambements (z. B. in Strophe 1) verstärken die Dynamik, die dem Aufbegehren innewohnt. Der Parallelismus: *ein Ohr (...) ein Herz* (V. 26 f.) deutet auf den enttäuschten Wunsch nach Hilfe hin. Aufzählungen und Parallelismen in V. 56 f. stellen die Gemeinsamkeit zwischen Prometheus und den von ihm erschaffenen Menschen dar. Der Neologismus *Knaben-*

morgenblütenträume (V. 51) weist die schöpferische Kraft des unabhängigen Individuums nach, das sich auch seine Sprache selbst erfindet. Das Symbol Herz (V. 27, V. 34) als Ort der subjektiven Selbstvergewisserung ist das zentrale sprachliche Bild des Sturm und Drang.

C. Schluss

Trotzige Selbstbehauptung gegenüber Gott zeichnet die Lebenseinstellung des Prometheus aus. In dem wenige Monate später entstandenen Parallelgedicht *Ganymed* wird mit der völligen Hingabe an das Göttliche eine gegensätzliche Einstellung beschrieben. Sie drückt sich besonders gut in Goethes Briefroman *Die Leiden des jungen Werther* aus und lässt sich auch in Schillers *Die Räuber* nachweisen (Todessehnsucht Karls). In *Die Leiden des jungen Werther* offenbart sich der Wunsch nach Verschmelzung mit der Natur bzw. dem geliebten Objekt als Wunsch nach Aufgabe des Ichs. Beide Formen, „Verselbstigung" und „Entselbstigung", bestimmen das Menschenbild des Sturm und Drang.

2.6 Matthias Claudius
Abendlied

Info

Matthias Claudius wird am 15. August 1740 als Sohn eines Pastors in Reinfeld geboren. Nach den nicht abgeschlossenen Studien der Theologie bzw. der Rechts- und Verwaltungswissenschaft arbeitet er zunächst als Sekretär, später als Journalist. In den Jahren 1771 bis 1775 gibt er das Nachrichtenblatt *Wandsbecker Bothe* heraus. 1774 wird Matthias Claudius in der Freimaurer-Loge „Zu den drei Rosen" in Hamburg aufgenommen. Ab 1788 wirkt er als Revisor der „Schleswig Holsteinischen Bank von Altona". Claudius stirbt am 21. Januar 1815 in Hamburg.

Lesetext

Matthias Claudius (1740–1815)
***Abendlied* (vor 1779)**

Der Mond ist aufgegangen
Die goldnen Sternlein prangen
  Am Himmel hell und klar;
Der Wald steht schwarz und schweiget,
Und aus den Wiesen steiget
  Der weiße Nebel wunderbar.

Wie ist die Welt so stille,
Und in der Dämmrung Hülle
So traulich und so hold!
Als eine stille Kammer,
Wo ihr des Tages Jammer
Verschlafen und vergessen sollt.

Seht ihr den Mond dort stehen? –
Er ist nur halb zu sehen,
Und ist doch rund und schön!
So sind wohl manche Sachen,
Die wir getrost belachen,
Weil unsre Augen sie nicht sehn.

Wir stolze Menschenkinder
Sind eitel arme Sünder,
Und wissen gar nicht viel;
Wir spinnen Luftgespinste,
Und suchen viele Künste,
Und kommen weiter von dem Ziel.

Gott, lass uns *dein* Heil schauen,
Auf nichts Vergänglichs trauen,
Nicht Eitelkeit uns freun!
Lass uns einfältig werden,
Und vor dir hier auf Erden
Wie Kinder fromm und fröhlich sein!

Wollst endlich sonder Grämen
Aus dieser Welt uns nehmen
Durch einen sanften Tod!
Und, wenn du uns genommen,
Lass uns in Himmel kommen,
Du unser Herr und unser Gott!

So legt euch denn, ihr Brüder,
In Gottes Namen nieder;
Kalt ist der Abendhauch.
Verschon uns, Gott! mit Strafen,
Und lass uns ruhig schlafen!
Und unsern kranken Nachbar auch!

Stichwortartige Ausarbeitung des Interpretationsaufsatzes

A. Einleitung

Das *Abendlied* von Matthias Claudius, das zusammen mit der Melodie von Johann Abraham Peter Schulz einen großen **Bekanntheitsgrad** besitzt, reflektiert angesichts des aufgehenden Mondes **Wertvorstellungen**, die das menschliche Leben ausmachen.

B. Hauptteil: Interpretation

I. Inhalt und Aufbau

Die **gedankliche Bewegung** des lyrischen Ichs geht von einer bloßen **Naturbeschreibung** aus; die Perspektive dieser Beschreibung wird durch die **Hereinnahme des menschlichen Lebens** erweitert und von Strophe 5 an durch den Bezug auf Gott in eine religiöse Dimension transponiert. In der letzten Strophe werden die drei Perspektiven, die Naturbeschreibung, die menschliche und die **religiöse Dimension**, verbunden.

Strophe 1 (V. 1–6): Naturbeschreibung

Das lyrische Ich beschreibt den Mond und die Sterne in einer klaren Nacht; Nebel steigt aus den Wiesen auf, der Wald erscheint schwarz.

Strophe 2 (V. 7–12): Naturbeschreibung mit Bezug zum menschlichen Leben

Die Ruhe der Nacht wird hervorgehoben und mit einem Raum verglichen, in dem die Menschen die Mühen des Alltags vergessen können.

Strophe 3 (V. 13–18): Naturbeschreibung mit Bezug zum menschlichen Leben

Das lyrische Ich betont, dass der Mond vollkommen sei, obgleich man nur seine Hälfte sehe. Genauso verhalte es sich mit vielen Dingen, die Menschen aus Unkenntnis über ihr wahres Wesen verspotten.

Strophe 4 (V. 19–24): Kritik am Verhalten des Menschen

Das lyrische Ich wirft dem Menschen vor, sündhaft und unwissend zu sein. Während des Lebens beschäftige man sich mit Illusionen, die vom eigentlichen Ziel immer weiter entfernen.

Strophe 5 (V. 25–30): religiöse Perspektive

Das lyrische Ich bittet Gott darum, dem Menschen die Augen für das Unvergängliche zu öffnen und kindliches Vertrauen in ihm wachsen zu lassen.

Strophe 6 (V. 31–36): religiöse Perspektive

Das lyrische Ich bittet Gott um einen sanften Tod und um die Aufnahme in den Himmel.

Strophe 7 (V. 37–42): Naturbeschreibung mit menschlicher und göttlicher Perspektive

Das lyrische Ich fordert die Menschen auf, sich im Vertrauen auf Gott zur Ruhe zu begeben. Es appelliert an Gott, Schaden vom Menschen fern zu halten und für einen ruhigen Schlaf zu sorgen.

II. Formale und sprachliche Gestaltung

Das Gedicht drückt tief empfundene Religiosität aus. Der Abend als situativer Kontext lässt Gedanken an den Tod aufkommen, die gleichzeitig die Frage nach der religiösen Begründung des menschlichen Lebens stellen. Das zum Ausdruck kommende menschliche Selbstverständnis sieht den Menschen in völliger Abhängigkeit von Gott; die Bitte um kindliches Vertrauen zeigt, wie der Mensch ganz auf Gott hin lebt.

Die zum Einsatz kommenden formalen und sprachlichen Gestaltungsmittel stehen im Dienste des Ausdrucks der frommen Haltung.

- **Liedform**, 7 Strophen zu je 6 Versen, dreihebiger Jambus, die fünfte Strophe jeweils mit vierhebigem **Jambus**, **Paarreim** und umschließender Reim als Binnengliederung der einzelnen Strophen, abwechselnd weibliche und männliche Kadenzen, fließender Rhythmus: Regelmäßigkeit der Gestaltung und Liedform unterstreichen die **ruhige Feierlichkeit** der Aussage.
- **Personifikation (vgl. V. 4)** und **Alliterationen** betonen die Dunkelheit des Waldes (vgl. V. 4; vgl. auch den **Kontrast** *schwarz*, V. 4, und *weiß*, vgl. V. 6) bzw. die therapeutische Wirkung des Schlafes (vgl. V. 12).
- **religiöse Sprache** mit Begriffen wie *Menschenkinder* (V. 19), *Sünder* (V. 20), *Gott* (V. 25 und öfter), *heil* (V. 25), **Imperativ** und **Wiederholung** (*lass*, V. 25, 28, 35, 41), **Vergleich** (*wie Kinder*, V. 30), **Alliteration** (*fromm und fröhlich*, V. 30): Ausgestaltung der religiösen Perspektive
- **Vergleich**: *als eine stille Kammer* (V. 10) zur Herstellung des Bezuges zwischen Natur und Menschenwelt
- **Metapher** (vgl. V. 22) zur Hervorhebung der Instabilität menschlicher Träume
- **Anapher**: *Und lass uns ruhig schlafen! / Und unsern kranken Nachbar auch!* (V. 41 f.) zur Betonung der Mitmenschlichkeit

C. Schluss

Haben Claudius und später vor allem die Dichter der Romantik in der abendlichen Natur noch die Anwesenheit des Göttlichen erspüren können, so führt in der **expressionistischen** Gestaltung des gleichen Motivs das Betrachten zur trostlosen **Erfahrung von Einsamkeit und Vergänglichkeit**. Georg Trakls (1887–1914) Sonett *Verfall* (1909) trägt diese Erfahrung im Titel. In dem Gedicht kann das lyrische Ich die Entgrenzung seines Welteindrucks nur kurz im Traum erleben; angesichts der Vergänglichkeit verfällt es am Ende in Resignation, ohne dass eine tröstende religiöse Perspektive eröffnet wird. Der Traum, die Phantasie, vermag die Wirklichkeit nur kurz zu verlassen, als Vergänglichkeit kehrt sie in das Bewusstsein des Menschen zurück.

2.7 Friedrich Schiller
Das Lied von der Glocke

Info

Friedrich Schiller wird am 10. 11. 1759 in Marbach/Neckar geboren. Er will zunächst Pfarrer werden, tritt 1773 aber in die Herzogliche Militär-Akademie (Karlsschule) ein und beginnt ein Rechtsstudium und später ein Medizinstudium. Schon während seiner Ausbildung in der von ihm als einengend empfundenen Karlsschule veröffentlicht er erste Werke, z. B. *Die Räuber* (1777). 1782 flieht er aus Stuttgart wegen der Beschränkung seiner dichterischen und persönlichen Freiheit. 1783 findet er in Mannheim eine Anstellung als Theaterdichter, 1788 erhält er eine Geschichtsprofessur in Jena. Eine finanzielle Unterstützung durch den Erbprinzen Friedrich Christian von Schleswig-Holstein ermöglicht ihm ein dreijähriges Studium philosophischer Schriften, das sich in entsprechenden Abhandlungen niederschlägt, die die Grundlage der deutschen Klassik darstellen. 1794 freundet er sich mit Goethe an. Schiller stirbt 1805. Schiller und Goethe sind die wichtigsten Vertreter des Sturm und Drang und der deutschen Klassik.
Berühmte Werke Schillers sind: *Don Karlos, Infant von Spanien* (1787), *Wallenstein* (1798), *Maria Stuart* (1800).

Lesetext

Friedrich Schiller (1759–1805)
***Das Lied von der Glocke* (1800)**

Vivos voco
Mortuos plango
Fulgura frango[1]

Fest gemauert in der Erden
Steht die Form, aus Lehm gebrannt.
Heute muss die Glocke werden,
Frisch, Gesellen, seid zur Hand.
Von der Stirne heiß
Rinnen muss der Schweiß,
Soll das Werk den Meister loben,
Doch der Segen kommt von oben.

1 Übersetzung: Die Lebenden rufe ich, / die Toten beklage ich, / die Blitze breche ich.

Zum Werke, das wir ernst bereiten,
Geziemt sich wohl ein ernstes Wort;
Wenn gute Reden sie begleiten,
Dann fließt die Arbeit munter fort.
So lasst uns jetzt mit Fleiß betrachten,
Was durch die schwache Kraft entspringt,
Den schlechten Mann muss man verachten,
Der nie bedacht, was er vollbringt.
Das ists ja, was den Menschen zieret,
Und dazu ward ihm der Verstand,
Dass er im innern Herzen spüret,
Was er erschafft mit seiner Hand.

Nehmet Holz vom Fichtenstamme,
Doch recht trocken lasst es sein,
Dass die eingepresste Flamme
Schlage zu dem Schwalch hinein.
    Kocht des Kupfers Brei,
    Schnell das Zinn herbei,
Dass die zähe Glockenspeise
Fließe nach der rechten Weise.

Was in des Dammes tiefer Grube
Die Hand mit Feuers Hülfe baut,
Hoch auf des Turmes Glockenstube
Da wird es von uns zeugen laut.
Noch dauern wirds in späten Tagen
Und rühren vieler Menschen Ohr
Und wird mit dem Betrübten klagen
Und stimmen zu der Andacht Chor.
Was unten tief dem Erdensohne
Das wechselnde Verhängnis bringt,
Das schlägt an die metallne Krone,
Die es erbaulich weiterklingt.
Weiße Blasen seh ich springen,
Wohl! die Massen sind im Fluss.
Lassts mit Aschensalz durchdringen,
Das befördert schnell den Guss.
    Auch von Schaume rein
    Muss die Mischung sein,
Dass vom reinlichen Metalle
Rein und voll die Stimme schalle.

Denn mit der Freude Feierklange
Begrüßt sie das geliebte Kind
Auf seines Lebens erstem Gange,
Den es in Schlafes Arm beginnt;
Ihm ruhen noch im Zeitenschoße
Die schwarzen und die heitern Lose,
Der Mutterliebe zarte Sorgen
Bewachen seinen goldnen Morgen.
Die Jahre fliehen pfeilgeschwind.
Vom Mädchen reißt sich stolz der Knabe,
Er stürmt ins Leben wild hinaus,
Durchmisst die Welt am Wanderstabe.
Fremd kehrt er heim ins Vaterhaus,
Und herrlich, in der Jugend Prangen,
Wie ein Gebild aus Himmelshöhn,
Mit züchtigen, verschämten Wangen.
Sieht er die Jungfrau vor sich stehn,
Da fasst ein namenloses Sehnen
Des Jünglings Herz, er irrt allein,
Aus seinen Augen brechen Tränen,
Er flieht der Brüder wilden Reihn.
Errötend folgt er ihren Spuren
Und ist von ihrem Gruß beglückt,
Das Schönste sucht er auf den Fluren,
Womit er seine Liebe schmückt.
O! zarte Sehnsucht, süßes Hoffen,
Der ersten Liebe goldne Zeit,
Das Auge sieht den Himmel offen,
Es schwelgt das Herz in Seligkeit.
O! dass sie ewig grünen bliebe,
Die schöne Zeit der jungen Liebe!

Wie sich schon die Pfeifen bräunen!
Dieses Stäbchen tauch ich ein,
Sehn wirs überglast erscheinen,
Wirds zum Gusse zeitig sein.
  Jetzt, Gesellen, frisch!
  Prüft mir das Gemisch,
Ob das Spröde mit dem Weichen
Sich vereint zum guten Zeichen.

Denn wo das Strenge mit dem Zarten,
Wo Starkes sich und Mildes paarten,
Da gibt es einen guten Klang.
Drum prüfe, wer sich ewig bindet,
Ob sich das Herz zum Herzen findet!
Der Wahn ist kurz, die Reu ist lang.
Lieblich in der Bräute Locken
Spielt der jungfräuliche Kranz,
Wenn die hellen Kirchenglocken
Laden zu des Festes Glanz.
Ach! des Lebens schönste Feier
Endigt auch den Lebensmai,
Mit dem Gürtel, mit dem Schleier
Reißt der schöne Wahn entzwei.
Die Leidenschaft flieht!
Die Liebe muss bleiben,
Die Blume verblüht,
Die Frucht muss treiben.
Der Mann muss hinaus
Ins feindliche Leben,
Muss wirken und streben
Und pflanzen und schaffen,
Erlisten, erraffen,
Muss wetten und wagen,
Das Glück zu erjagen.
Da strömet herbei die unendliche Gabe,
Es füllt sich der Speicher mit köstlicher Habe,
Die Räume wachsen, es dehnt sich das Haus.
Und drinnen waltet
Die züchtige Hausfrau,
Die Mutter der Kinder,
Und herrschet weise
Im häuslichen Kreise,
Und lehret die Mädchen
Und wehret den Knaben,
Und reget ohn Ende
Die fleißigen Hände,
Und mehrt den Gewinn
Mit ordnendem Sinn.
Und füllet mit Schätzen die duftenden Laden,
Und dreht um die schnurrende Spindel den Faden,
Und sammelt im reinlich geglätteten Schrein

Die schimmernde Wolle, den schneeigten Lein,
Und füget zum Guten den Glanz und den Schimmer,
Und ruhet nimmer.
Und der Vater mit frohem Blick
Von des Hauses weitschauendem Giebel
Überzählet sein blühend Glück,
Siehet der Pfosten ragende Bäume
Und der Scheunen gefüllte Räume
Und die Speicher, vom Segen gebogen,
Und des Kornes bewegte Wogen,
Rühmt sich mit stolzem Mund:
Fest, wie der Erde Grund,
Gegen des Unglücks Macht
Steht mir des Hauses Pracht!
Doch mit des Geschickes Mächten
Ist kein ewger Bund zu flechten,
Und das Unglück schreitet schnell.

Wohl! Nun kann der Guss beginnen,
Schön gezacket ist der Bruch.
Doch, bevor wirs lassen rinnen,
Betet einen frommen Spruch!
  Stoßt den Zapfen aus!
  Gott bewahr das Haus.
Rauchend in des Henkels Bogen
Schießts mit feuerbraunen Wogen.

Wohltätig ist des Feuers Macht,
Wenn sie der Mensch bezähmt, bewacht,
Und was er bildet, was er schafft,
Das dankt er dieser Himmelskraft,
Doch furchtbar wird die Himmelskraft,
Wenn sie der Fessel sich entrafft,
Einhertritt auf der eignen Spur
Die freie Tochter der Natur.
Wehe, wenn sie losgelassen
Wachsend ohne Widerstand
Durch die volkbelebten Gassen
Wälzt den ungeheuren Brand!
Denn die Elemente hassen
Das Gebild der Menschenhand.
Aus der Wolke

Quillt der Segen,
Strömt der Regen,
Aus der Wolke, ohne Wahl,
Zuckt der Strahl!
Hört ihrs wimmern hoch vom Turm?
Das ist Sturm!
Rot wie Blut
Ist der Himmel,
Das ist nicht des Tages Glut!
Welch Getümmel
Straßen auf!
Dampf wallt auf!
Flackernd steigt die Feuersäule,
Durch der Straße lange Zeile
Wächst es fort mit Windeseile,
Kochend wie aus Ofens Rachen
Glühn die Lüfte, Balken krachen,
Pfosten stürzen, Fenster klirren,
Kinder jammern, Mütter irren,
Tiere wimmern
Unter Trümmern,
Alles rennet, rettet, flüchtet,
Taghell ist die Nacht gelichtet,
Durch der Hände lange Kette
Um die Wette
Fliegt der Eimer, hoch im Bogen
Sprützen Quellen, Wasserwogen.
Heulend kommt der Sturm geflogen,
Der die Flamme brausend sucht.
Prasselnd in die dürre Frucht
Fällt sie, in des Speichers Räume,
In der Sparren dürre Bäume,
Und als wollte sie im Wehen
Mit sich fort der Erde Wucht
Reißen, in gewaltger Flucht,
Wächst sie in des Himmels Höhen
Riesengroß!
Hoffnungslos
Weicht der Mensch der Götterstärke,
Müßig sieht er seine Werke
Und bewundernd untergehen.

Leergebrannt
Ist die Stätte,
Wilder Stürme rauhes Bette,
In den öden Fensterhöhlen
Wohnt das Grauen,
Und des Himmels Wolken schauen
Hoch hinein.

Einen Blick
Nach dem Grabe
Seiner Habe
Sendet noch der Mensch zurück –
Greift fröhlich dann zum Wanderstabe,
Was Feuers Wut ihm auch geraubt,
Ein süßer Trost ist ihm geblieben,
Er zählt die Häupter seiner Lieben,
Und sieh! ihm fehlt kein teures Haupt.

In die Erd ists aufgenommen,
Glücklich ist die Form gefüllt,
Wirds auch schön zutage kommen,
Dass es Fleiß und Kunst vergilt?
  Wenn der Guss misslang?
  Wenn die Form zersprang?
Ach! vielleicht, indem wir hoffen,
Hat uns Unheil schon getroffen.

Dem dunkeln Schoß der heilgen Erde
Vertrauen wir der Hände Tat,
Vertraut der Sämann seine Saat
Und hofft, dass sie entkeimen werde
Zum Segen, nach des Himmels Rat.
Noch köstlicheren Samen bergen
Wir trauernd in der Erde Schoß
Und hoffen, dass er aus den Särgen
Erblühen soll zu schönerm Los.

Von dem Dome,
Schwer und bang,
Tönt die Glocke
Grabgesang.
Ernst begleiten ihre Trauerschläge
Einen Wandrer auf dem letzten Wege.

Ach! die Gattin ists, die teure,
Ach! es ist die treue Mutter,
Die der schwarze Fürst der Schatten
Wegführt aus dem Arm des Gatten,
Aus der zarten Kinder Schar,
Die sie blühend ihm gebar,
Die sie an der treuen Brust
Wachsen sah mit Mutterlust
Ach! des Hauses zarte Bande
Sind gelöst auf immerdar,
Denn sie wohnt im Schattenlande,
Die des Hauses Mutter war,
Denn es fehlt ihr treues Walten,
Ihre Sorge wacht nicht mehr,
An verwaister Stätte schalten
Wird die Fremde, liebeleer.

Bis die Glocke sich verkühlet,
Lasst die strenge Arbeit ruhn,
Wie im Laub der Vogel spielet,
Mag sich jeder gütlich tun.
  Winkt der Sterne Licht,
  Ledig aller Pflicht
Hört der Pursch die Vesper schlagen,
Meister muss sich immer plagen.

Munter fördert seine Schritte
Fern im wilden Forst der Wandrer
Nach der lieben Heimathütte.
Blökend ziehen heim die Schafe,
Und der Rinder
Breitgestirnte, glatte Scharen
Kommen brüllend,
Die gewohnten Ställe füllend.
Schwer herein
Schwankt der Wagen,
Kornbeladen,
Bunt von Farben
Auf den Garben
Liegt der Kranz,
Und das junge Volk der Schnitter
Fliegt zum Tanz.

Markt und Straße werden stiller,
Um des Lichts gesellge Flamme
Sammeln sich die Hausbewohner,
Und das Stadttor schließt sich knarrend.
Schwarz bedecket
Sich die Erde,
Doch den sichern Bürger schrecket
Nicht die Nacht,
Die den Bösen gräßlich wecket,
Denn das Auge des Gesetzes wacht.

Heilge Ordnung, segenreiche
Himmelstochter, die das Gleiche
Frei und leicht und freudig bindet,
Die der Städte Bau gegründet,
Die herein von den Gefilden
Rief den ungesellgen Wilden,
Eintrat in der Menschen Hütten,
Sie gewöhnt zu sanften Sitten
Und das teuerste der Bande
Wob, den Trieb zum Vaterlande!

Tausend fleißge Hände regen,
Helfen sich in munterm Bund,
Und in feurigem Bewegen
Werden alle Kräfte kund.
Meister rührt sich und Geselle
In der Freiheit heilgem Schutz.
Jeder freut sich seiner Stelle,
Bietet dem Verächter Trutz.
Arbeit ist des Bürgers Zierde,
Segen ist der Mühe Preis,
Ehrt den König seine Würde,
Ehret uns der Hände Fleiß.

Holder Friede,
Süße Eintracht,
Weilet, weilet
Freundlich über dieser Stadt!
Möge nie der Tag erscheinen,
Wo des rauen Krieges Horden
Dieses stille Tal durchtoben,

Wo der Himmel,
Den des Abends sanfte Röte
Lieblich malt,
Von der Dörfer, von der Städte
Wildem Brande schrecklich strahlt!

Nun zerbrecht mir das Gebäude,
Seine Absicht hats erfüllt,
Dass sich Herz und Auge weide
An dem wohlgelungnen Bild.
 Schwingt den Hammer, schwingt
 Bis der Mantel springt,
Wenn die Glock soll auferstehen,
Muss die Form in Stücken gehen.

Der Meister kann die Form zerbrechen
Mit weiser Hand, zur rechten Zeit,
Doch wehe, wenn in Flammenbächen
Das glühnde Erz sich selbst befreit!
Blindwütend mit des Donners Krachen
Zersprengt es das geborstne Haus,
Und wie aus offnem Höllenrachen
Speit es Verderben zündend aus;
Wo rohe Kräfte sinnlos walten,
Da kann sich kein Gebild gestalten,
Wenn sich die Völker selbst befrein,
Da kann die Wohlfahrt nicht gedeihn.

Weh, wenn sich in dem Schoß der Städte
Der Feuerzunder still gehäuft,
Das Volk, zerreißend seine Kette,
Zur Eigenhilfe schrecklich greift!
Da zerret an der Glocke Strängen
Der Aufruhr, dass sie heulend schallt
Und, nur geweiht zu Friedensklängen,
Die Losung anstimmt zur Gewalt.

Freiheit und Gleichheit! hört man schallen,
Der ruhge Bürger greift zur Wehr,
Die Straßen füllen sich, die Hallen,
Und Würgerbanden ziehn umher,
Da werden Weiber zu Hyänen

Und treiben mit Entsetzen Scherz,
Noch zuckend, mit des Panters Zähnen,
Zerreißen sie des Feindes Herz.
Nichts Heiliges ist mehr, es lösen
Sich alle Bande frommer Scheu,
Der Gute räumt den Platz dem Bösen,
Und alle Laster walten frei.
Gefährlich ists, den Leu zu wecken,
Verderblich ist des Tigers Zahn,
Jedoch der schrecklichste der Schrecken,
Das ist der Mensch in seinem Wahn.
Weh denen, die dem Ewigblinden
Des Lichtes Himmelsfackel leihn!
Sie strahlt ihm nicht, sie kann nur zünden
Und äschert Städt und Länder ein.

Freude hat mir Gott gegeben!
Sehet! wie ein goldner Stern
Aus der Hülse, blank und eben,
Schält sich der metallne Kern.
  Von dem Helm zum Kranz
  Spielts wie Sonnenglanz,
Auch des Wappens nette Schilder
Loben den erfahrnen Bilder.

Herein! herein!
Gesellen alle, schließt den Reihen,
Dass wir die Glocke taufend weihen,
Concordia soll ihr Name sein,
Zur Eintracht, zu herzinnigem Vereine
Versammle sie die liebende Gemeine.

Und dies sei fortan ihr Beruf,
Wozu der Meister sie erschuf!
Hoch überm niedern Erdenleben
Soll sie in blauem Himmelszelt
Die Nachbarin des Donners schweben
Und grenzen an die Sternenwelt,
Soll eine Stimme sein von oben,
Wie der Gestirne helle Schar,
Die ihren Schöpfer wandelnd loben
Und führen das bekränzte Jahr.

Nur ewigen und ernsten Dingen
Sei ihr metallner Mund geweiht,
Und stündlich mit den schnellen Schwingen
Berühr im Fluge sie die Zeit,
Dem Schicksal leihe sie die Zunge,
Selbst herzlos, ohne Mitgefühl,
Begleite sie mit ihrem Schwunge
Des Lebens wechselvolles Spiel.
Und wie der Klang im Ohr vergehet,
Der mächtig tönend ihr entschallt,
So lehre sie, dass nichts bestehet,
Dass alles Irdische verhallt.

Jetzo mit der Kraft des Stranges
Wiegt die Glock mir aus der Gruft,
Dass sie in das Reich des Klanges
Steige, in die Himmelsluft.
  Ziehet, ziehet, hebt!
  Sie bewegt sich, schwebt,
Freude dieser Stadt bedeute,
Friede sei ihr erst Geläute.

Stichwortartige Ausarbeitung des Interpretationsaufsatzes

A. Einleitung

Schiller zählt neben Goethe zu den Begründern der deutschen Klassik. In dem umfangreichen *Lied von der Glocke*, das Schiller im Jahre 1800 verfasst hat, preist er die Werte des bürgerlichen Lebens und erhebt die Glocke zum Dingsymbol für die Wechselfälle des menschlichen Lebens schlechthin. Dieser enge Zusammenhang zwischen der Glocke und dem menschlichen Leben wird schon in dem Motto deutlich, das Schiller dem Lied voranstellt. Auf Deutsch lautet es: *Die Lebenden rufe ich, die Toten beklage ich, die Blitze breche ich.*

B. Hauptteil: Interpretation

I. Inhalt und Aufbau

Der Aufbau wird bestimmt durch den Wechsel von metrisch übereinstimmenden Meistersprüchen, in denen die Herstellung der Glocke beschrieben wird, und solchen Strophen, in denen das menschliche Leben zum Thema genommen wird. Meisterspruch und Liedstrophen sind jeweils thematisch aufeinander bezogen. Der Einfachheit halber werden Aufbau und Inhalt in Form einer Gegenüberstellung beschrieben.

Info

In einem Aufsatz empfiehlt es sich, der Chronologie des Liedes zu folgen, damit der innere Zusammenhang der einzelnen Stophen deutlich wird.

1. Meisterspruch (V. 1–8)
Aufforderung des Meisters an seine Gesellen, mit der Arbeit an der Glocke zu beginnen.

(V. 9–20)
Ernste Reden sollen das Werk begleiten, Hinweis auf die Bedeutung von Herz und Verstand bei der Erschaffung eines Werkes

2. Meisterspruch (V. 21–28)
Zubereitung des Glockengemischs aus Kupfer und Zinn

(V. 29–40)
Glocke als lang währendes Zeugnis menschlicher Arbeit, sie begleitet die Wechselfälle des menschlichen Lebens.

3. Meisterspruch (V. 41–48)
Mischung beginnt zu kochen, ein späterer guter Klang ist davon abhängig, dass kein Schaum mehr darunter ist.
Thema: Frühphase des Glockengusses

(V. 49–79)
Thema: Frühphase des menschlichen Lebens
Säugling wird beim Taufgang von Glocke begleitet, Glück und Unglück erwarten ihn, von der Mutter wird er großgezogen; in der Jugend Trennung vom Elternhaus, Wanderschaft und Rückkehr ins Elternhaus, erste Liebe

4. Meisterspruch (V. 80–87)
Prüfung der Mischung mithilfe eines eingetauchten Stäbchens
Thema: Vereinigung von Kupfer und Zinn zu einer lebenslangen Bindung (Glocke)

(V. 88–146)
Thema: Vereinigung von Mann und Frau (Hochzeit)
Liebe als Voraussetzung für eine lebenslange Bindung, Aufgabe des Mannes: Erwerb des Lebensunterhaltes für sich und seine Familie, Aufgabe der Frau: Erziehung der Kinder, Mehrung des Wohlstandes, Hausarbeit, rastlose Arbeit, Zufriedenheit des Hausvaters über den Wohlstand der Familie Einschränkung: Glück währt nicht ewig.

5. Meisterspruch (V. 147–154)
Mischung ist fertig, der Guss kann beginnen; ein Gebet wird gesprochen, die Mischung fließt in die Form hinein.
Thema: Macht des Feuers

(V. 155–226)
Thema: Macht des Feuers
Feuer mit produktiver und destruktiver Kraft, Unwetter verwüstet eine Stadt, Versuch, die Feuer zu löschen, die Werke des Menschen werden zerstört; nach dem Unwetter und der Zerstörung seiner Habe fängt der Mensch optimistisch neu an, Familie ist vollzählig.

6. Meisterspruch (V. 227–234)
Form in der *Erd* (V. 227) ist mit dem Glockenbrei gefüllt, Hoffen auf ein gutes Gelingen der Glocke und Befürchtung, der Guss könnte misslungen oder die Form zersprungen sein.
Stichwort: *Erd* (V. 227)

(V. 235–265)
Stichwort Erde (V. 235)
Erde birgt sowohl die Saat als auch die Toten, aus der Erde soll neues Leben erwachsen; Grabgeläute der Glocke; Tod der Mutter

7. Meisterspruch (V. 266–273)
Abkühlphase der Glocke bedeutet Freizeit für die Arbeiter.
Thema: Freizeit

(V. 274–333)
Thema: Freizeit, bürgerliche Idylle, bürgerliches Arbeitsethos
Bauern gehen zum Tanz, Abendstimmung in der Stadt, Sicherheit der Bürger in der Nacht, weil das Gesetz wacht und schützt. Vaterlandsliebe als wichtigste innere Einstellung zur bestehenden gesellschaftlichen Ordnung, die den Menschen zivilisiert hat; hoher Wert der Arbeit, sie zeichnet den Bürger aus. Lob des Friedens, Hoffnung, er möge nicht durch den Krieg gestört werden.

8. Meisterspruch (V. 334–341)
Aufforderung, die Lehmform zu zerschlagen und die Glocke freizulegen.
Thema: Zerschlagung der Form

(V. 342–381)
Thema: Revolution (als Zerschlagung der bisherigen gesellschaftlichen Form)
Das Zerschlagen der Form muss mit Bedacht vor sich gehen, nur der Meister kann dies leisten; wenn sich der Glockenbrei selbst befreit, entsteht Zerstörung; so ist es auch, wenn sich Völker selbst befreien und dabei Gewalt anwenden; sinnlose Zerstörung ist die Folge solcher Befreiung. Unter der Parole Freiheit und Gleichheit greifen die Bürger zu den Waffen, auf den Straßen gilt das Gesetz des Stärkeren, Frauen üben Gewalt aus. Umkehrung der Werte: Wo Gutes gewesen ist, ist nun Böses, nichts Heiliges existiert mehr; der sich allmächtig glaubende Mensch als schlimmster Schrecken.

9. Meisterspruch (V. 382–389)
Glocke wird freigelegt.
Thema: Freude

(V. 390–417)
Thema: Feier
Taufe der Glocke auf den Namen Concordia (Eintracht); Aufgabe der Glocke: Begleitung des menschlichen Schicksals vom hohen Glockenturme aus; Memento-Mori-Appell

10. Meisterspruch (V. 418–425)
Mit einem Seil wird die Glocke aus dem Erdloch, in dem ihr Guss stattgefunden hat, in die Höhe gehoben. Sie soll für den Frieden läuten.

II. *Die Glocke* als Gedicht der Klassik

Das Lied von der Glocke lässt sich aufgrund seiner Entstehungszeit der Epoche der Klassik zuordnen.
Die zum Ausdruck kommenden bürgerlichen Wertvorstellungen lassen sich teilweise aus den Postulaten der Klassik ableiten. Dieser Zusammenhang soll an sechs ausgewählten Postulaten entfaltet werden:

- der Mensch der Klassik erkennt die übergeordneten Mächte der Sittlichkeit (vgl. V. 206–210), der Kultur (vgl. V. 53 f.) und der Natur (vgl. V. 37 f.) an, ebenso die bürgerliche Rollenverteilung (vgl. V. 106–132);
- er glaubt an die freie Selbstbestimmung, die sich bei Schiller in der Haltung zur Arbeit äußert (vgl. V. 133 ff. und V. 318–321);
- Aussöhnung mit der Gesellschaft und ihren Normen, gegen das Empörertum des Sturm und Drang (vgl. V. 290–309, V. 321–333, V. 354–381 – gegen die Französische Revolution);
- Lebensideale sind Humanität und (sittlicher) Idealismus (vgl. V. 310–321), *Concordia* als Name der Glocke (vgl. V. 393);
- durch die Erfahrung des Todes wird dem Menschen die Macht des Schicksals bewusst, der er sich unterwerfen muss (vgl. V. 240–243, V. 250–265);
- die schöne Seele zeigt sich in der Harmonie von Neigung und Pflicht, von Gefühl und Verstand. Einen Widerschein dieses Gedankens findet man z. B. in V. 19 f.

C. Schluss

Die bürgerlichen Wertvorstellungen wie der Wert der Arbeit oder der Familie, die in dem *Lied von der Glocke* zum Ausdruck kommen, sind auch heute noch prägend für viele Menschen. In der Zeit des Vormärz konnte man verfolgen, dass diese Werte auch den Rückzug ins Private fördern können. Die Epoche des Biedermeier lässt sich geradezu als Verwirklichung der Postulate des Gedichtes ansehen, nachdem der Wiener Kongress nach 1815 die politische Restauration betrieben hatte. Die notwendige Erhebung der Bürger wird in der *Glocke* ausdrücklich abgelehnt. Andere Schriftsteller wie z. B. Büchner oder Gutzkow haben die politischen Missstände dagegen offen angeprangert und den Widerstand gefordert. Das Scheitern der 48er Revolution machte die bürgerlichen Wertvorstellungen von neuem bedeutsam.

2.8 Clemens Brentano

Der Spinnerin Nachtlied

Info

Clemens Brentano wird 1778 in Ehrenbreitstein geboren. Nach einer Kaufmannslehre studiert er in Halle und Jena Kameralwissenschaft und Medizin. Eine berufliche Tätigkeit gibt er bald auf und lebt vom Familienvermögen. Von 1803–1806 ist er mit der Schriftstellerin Sophie Mereau verheiratet, nach deren Tod für eine kurze Zeit mit Auguste Bußmann. 1814 wendet er sich wieder dem Katholizismus zu. In den darauffolgenden Jahren lebt er in Berlin, Bonn, Frankfurt, Koblenz, München. In Aschaffenburg stirbt er 1842. Sein berühmtestes Werk ist die Volksliedersammlung *Des Knaben Wunderhorn* (1806), die er zusammen mit Achim von Arnim herausgegeben hat.

Lesetext

Clemens Brentano (1778–1842)
Der Spinnerin Nachtlied **(1802)**

Es sang vor langen Jahren
Wohl auch die Nachtigall,
Das war wohl süßer Schall,
Da wir zusammen waren.

Ich sing, und kann nicht weinen
Und spinne so allein
Den Faden, klar und rein,
Solang der Mond wird scheinen.

Da wir zusammen waren,
Da sang die Nachtigall,
Nun mahnet mich ihr Schall,
Dass du von mir gefahren.

Sooft der Mond mag scheinen,
Gedenk' ich dein allein,
Mein Herz ist klar und rein,
Gott wolle uns vereinen!

Seit du von mir gefahren,
Singt stets die Nachtigall,
Ich denk' bei ihrem Schall,
Wie wir zusammen waren.

Gott wolle uns vereinen,
Hier spinn' ich so allein,
Der Mond scheint klar und rein,
Ich sing' und möchte weinen!

Stichwortartige Ausarbeitung des Interpretationsaufsatzes

A. Einleitung

Liebe, und zwar meist die unerfüllte, ist ein beliebtes Motiv romantischer Dichter, als Beispiel sei nur an Eichendorffs *Das zerbrochene Ringlein* (1813) erinnert. Auch Clemens Brentano nimmt sich dieses Themas in seinem Gedicht *Der Spinnerin Nachtlied*, das 1802 entstanden ist, an.

B. Hauptteil: Interpretation

I. Inhalt und Aussage

Eine Spinnerin erinnert sich beim Gesang der Nachtigall, dass diese vor langer Zeit auch gesungen hat, als sie mit ihrem Geliebten vereint gewesen ist. In der zweiten Strophe schildert das lyrische Ich seine Traurigkeit. Die Spinnerin wird weiterhin in ihrer Einsamkeit ihren Faden spinnen. In der dritten Strophe erinnert sie der Gesang der Nachtigall daran, dass ihr Geliebter sie verlassen hat.

In der vierten Strophe spricht sie ihn direkt an und versichert ihm ihre Treue und ewiges Andenken. Sie bittet Gott darum, sie wieder mit ihrem Geliebten zusammenzubringen. In der fünften Strophe versichert sie ihrem Geliebten, dass sie beim Gesang der Nachtigall, die seit ihrer Trennung stets gesungen hat, immer an ihn denken muss. In der sechsten und letzten Strophe bittet sie Gott nochmals um die Erfüllung ihres Wunsches. Die Einsamkeit löst Trauer in ihr aus und sie beginnt zu weinen.
Aussage: Tiefe Zuneigung kann auch Jahre nach einer Trennung unverändert bleiben; findet die Sehnsucht nach dem vermissten Partner keine Erfüllung, so sind Schmerz und Trauer die Folge.

II. Formale und sprachliche Gestaltung

Es lassen sich die folgenden sprachlichen und formalen Mittel feststellen:
- 6 Strophen zu jeweils vier Versen, dreihebiger Jambus, umarmender Reim, Wechsel von männlichen und weiblichen Kadenzen: klarer Aufbau, der das Volksliedhafte (vgl. auch den Titel des Gedichtes) unterstützt;
- gleiche Reimwörter und teilweise gleiche Verse in den Strophen 1, 3, 5 und 2, 4, 6: Wechsel von Erinnerung an die Vergangenheit (Strophe 1, 3, 5) und Klage über den gegenwärtigen Zustand (V. 2, 4, 6);
- kunstvolle Verschränkung einzelner Motive, die dem Gedicht etwas Artifizielles, auch Verspieltes, Verträumtes gibt;
- Symbol: Herz (V. 15) als Hinweis auf ihre treue Liebe;
- Metapher: einen Faden spinnen (vgl. V. 5–7) als Hinweis auf die Tätigkeit des Sich-Erinnerns;
- Kontrast: *süßer Schall* (V. 3) im Vergleich mit V. 11 f.

III. Beurteilung und C. Schluss

Die Spinnerin trauert einer verloren gegangenen Liebesbeziehung noch Jahre nach. Sie vermag es nicht, ihre Situation ins Positive zu wenden; vielmehr richtet sie ihre Gebete an Gott, der den Geliebten zurückbringen soll. Angesichts ihrer Situation versinkt sie am Ende in Melancholie. Dieses Verhalten lässt sich auf zwei Weisen beurteilen: Zum einen könnte man der Spinnerin mangelnde Tatkraft beim Versuch, den Schmerz über die Trennung zu überwinden, vorwerfen. Sie hängt weiterhin an Erinnerungen, die immer wieder vom Gesang der Nachtigall ausgelöst werden. Man könnte ein solches Verhalten auch als selbstquälerisch bezeichnen. Auf der anderen Seite ist der Gedanke, dass die Zuneigung zu einem Menschen dauerhaft ist und dementsprechend auch schmerzhaft sein kann, durchaus erfüllend.

2.9 Friedrich Hölderlin
Hälfte des Lebens

Info

Friedrich Hölderlin wird 1770 in Lauffen am Neckar geboren, er stirbt 1843 in Tübingen. Nach dem Theologiestudium (1788–1793) wird er Hauslehrer in verschiedenen Städten.
Hölderlins Gesundheitszustand verschlechtert sich seit 1802, seit 1808 lebt er in geistiger Umnachtung. 1843 stirbt er. Hölderlin ist durch Übertragungen (*Ödipus* und *Antigone* von Sophokles) sowie seine lyrischen Texte (klassische Oden, Elegien, Hymnen) bekannt geworden.

Lesetext

Friedrich Hölderlin (1770–1843)
Hälfte des Lebens (1804)

Mit gelben Birnen hänget
Und voll mit wilden Rosen
Das Land in den See,
Ihr holden Schwäne,
Und trunken von Küssen
Tunkt ihr das Haupt
Ins heilignüchterne Wasser.

Weh mir, wo nehm ich, wenn
Es Winter ist, die Blumen, und wo
Den Sonnenschein,
Und Schatten der Erde?
Die Mauern stehn
Sprachlos und kalt, im Winde
Klirren die Fahnen.

Stichwortartige Ausarbeitung des Interpretationsaufsatzes

A. Einleitung

Bereits 1799 verfasste Hölderlin einen ersten Entwurf des Gedichts, erst im Jahre 1804 erschien es im *Taschenbuch für das Jahr 1805. Der Liebe und Freundschaft gewidmet.* Das Gedicht setzt sich, wie es der Titel *Hälfte des Lebens* schon ankündigt, mit der Vergänglichkeit menschlichen Lebens auseinander.

B. Hauptteil: Interpretation

I. Inhalt und Aussage

1. Inhalt

Die beiden siebenversigen Strophen drücken ambivalente Stimmungen des lyrischen Ichs aus:

Strophe 1: Das lyrische Ich beschreibt eine Seelandschaft im Sommer. Reife Birnen und Rosen spiegeln sich im Wasser, Schwäne tauchen ihren Kopf hinein. Das Bild spiegelt Lebenskraft und Fruchtbarkeit wider.

Strophe 2: Die zweite Strophe beginnt mit dem Ausruf des Schmerzes. Das lyrische Ich fragt sich, woher es Sonnenschein und Blumen nehmen soll, sobald es Winter geworden ist. Das beschriebene Bild ist voller Kälte, Lebensfeindlichkeit drücken die Mauern und die klirrenden Fahnen aus.

2. Aussage

Das menschliche Leben ist vom Bewusstsein der Vergänglichkeit bestimmt.

II. Formale und sprachliche Mittel

Die poetischen Gestaltungsmittel unterstützen in der ersten Strophe den Eindruck der Lebensbejahung: Fruchtbarkeit (*gelbe Birnen*, V. 1), Fülle (vgl. V. 2), Verehrung des Lebendigen (*holde Schwäne*, V. 4) sind ihre Bestandteile. Das Enjambement in den Versen 1–3 ahmt das Hineinreichen des Landes in den See nach. Die Inversion, die die Syntax des ersten Satzes bestimmt, hebt die Fülle hervor; in diesem Sinne wirkt auch die Assonanz (*mit* und *Birnen*, V. 1/ *wilden*, V. 2; *voll* und *Rosen*, V. 2), die das verbindende Element im darauffolgenden zweiten Satz ist: *und, trunken* und *Küssen* (V. 5) sowie *tunkt* (V. 6) zusammen mit *heilignüchterne* (V. 7) lenken die Aufmerksamkeit auf die Handlung der Schwäne, deren Eintauchen in das Wasser auf das lyrische Ich den Eindruck des Küssens erweckt. Das Wasser wird mit dem paradoxen Neologismus *heilignüchtern* (V. 7) charakterisiert; damit wird es zum Symbol für die das Gedicht bestimmende Polarität.

In der zweiten Strophe verbinden W-Alliterationen die Emotionen, die das lyrische Ich im Winter überkommen. Das Herannahen des Winters wie auch das Scheinen der Sonne werden mit einem Zeilensprung als dynamische Prozesse dargestellt. Die Isolation des Individuums wird in den Mauern metaphorisch anschaulich, die ohne Artikulationsmöglichkeit, somit ohne die Fähigkeit, Gemeinschaft zu vermitteln, sind. Das Ende dynamischer Lebensprozesse wird schließlich in der Metapher der *klirrenden Fahnen* (vgl. V. 14) veranschaulicht.

Der Rhythmus wird bestimmt durch eine unregelmäßige metrische Gestaltung, Inversionen und Alliterationen sowie durch Enjambements, die Zusammengehörendes binden. Die poetische Wortwahl und der trotz des

Verzichtes auf ein Metrum fast hymnisch zu nennende Ton des Gedichtes weisen auf die Bedeutung der Aussage hin: Hölderlin fasst in den Bildern der beiden Strophen die Situation des menschlichen Lebens, das sich in der zeitlichen Mitte zwischen Geburt und Tod befindet, zusammen. Während sich der Mensch in der Blüte seiner Jahre befindet, denkt er an die Zeit seines Alters und nahen Todes; er sorgt sich darum, dass diese Blüte im Alter unwiederbringlich entzogen ist und dass es möglicherweise keinen Trost in dieser Situation geben wird.

III. Zusammenfassung und C. Schluss

Das Gedicht *Hälfte des Lebens* thematisiert die Eigentümlichkeit menschlichen Lebens, die ihn von allen anderen Lebewesen unterscheidet: Er ist sich seiner Vergänglichkeit bewusst. Damit greift Hölderlin den in der Barocklyrik beliebten Memento-Mori-Appell auf, ohne jedoch die für die Barockzeit typische Antwort mit dem Hinweis auf die Orientierung an unvergänglichen (religiösen) Werten zu geben. Insofern ist das Gedicht bereits modern: Es entlässt den Leser trostlos; eine Antwort auf die Frage, woher im Alter *Blumen und (...) Sonnenschein* (V. 9 f.) zu nehmen sind, wird vorenthalten. Das Individuum bleibt mit dieser Frage auf sich selbst verwiesen.

2.10 Eduard Mörike
Er ist's

Info

Eduard Mörike wird 1804 in Ludwigsburg geboren. Nach dem Studium der Theologie und nach der Vikariatszeit versieht er von 1834–1843 den Pfarrdienst in Cleversulzbach, von 1844 bis 1851 in Mergentheim und von 1851–1867 in Stuttgart. Mörike stirbt 1875 in Stuttgart. Bekannte Werke von ihm sind z. B. *Idylle vom Bodensee* (1846) und *Mozart auf der Reise nach Prag* (1855).

Lesetext

Eduard Mörike (1804–1875)
***Er ist's* (1829)**

Frühling lässt sein blaues Band
Wieder flattern durch die Lüfte;
Süße, wohlbekannte Düfte
Streifen ahnungsvoll das Land.

Veilchen träumen schon,
Wollen balde kommen.
– Horch, von fern ein leiser Harfenton!
Frühling, ja du bist's!
Dich hab ich vernommen!

Stichwortartige Ausarbeitung des Interpretationsaufsatzes

A. Einleitung

Eduard Mörike, ein Dichter der Biedermeierzeit, setzt sich in seinem 1829 entstandenen Gedicht *Er ist's* mit dem Thema „Frühling" auseinander.

B. Hauptteil: Interpretation

1. Inhalt und Aussage

V. 1–4 Das lyrische Ich beschreibt, wie seine Augen und sein Geruchssinn die Ankunft des Frühlings realisieren.

V. 5 f. Die Veilchen als Frühlingsblumen bereiten sich auf das Blühen vor.

V. 6–8 Das lyrische Ich hört in der Ferne eine Harfe schlagen und versteht den Laut als Ankunftszeichen des Frühlings.

Der ankommende Frühling verschafft dem lyrischen Ich Wohlbefinden.

2. Sprachliche und formale Mittel

Das Gedicht wirkt durch seine scheinbare Anspruchslosigkeit und durch seine Regelmäßigkeit, die Verse sind aber kunstvoll gestaltet durch

- Metrum: vierhebiger Trochäus (V. 1–4), dreihebiger Trochäus (V. 5 f.), fünfhebiger Trochäus (V. 7), dreihebiger Trochäus (V. 8 f.), jeweils mit abwechselnd männlichen und weiblichen Kadenzen, dadurch Betonung von V. 7 durch größere Silbenzahl und von V. 8, die eine Waise darstellt
- Reimform: umschließender Reim (V. 1–4), Kreuzreim (V. 5–9), V. 8 als Waise, dadurch besondere Betonung auf dem Wiedererkennen und der Gewissheit des lyrischen Ichs
- Zeilenstil, Vers- und Satzende fallen zusammen: Eindruck von Regelmäßigkeit, mit der auch der Frühling in jedem Jahr von neuem kommt
- Personifikation (vgl. V. 1): Steigerung des poetischen Ausdrucks
- Metapher: *blaues Band* (V. 1) als poetische Ausmalung des überall in der Natur bemerkbaren Frühlings
- Alliteration: *Horch (...) Harfenton* (V. 7) als Verstärkung des Appells
- Ausruf (vgl. V. 8): emphatischer Nachdruck

3. **Epochen- und zeittypische Merkmale**
   Das Gedicht lässt sich der Epoche des Biedermeier zuordnen, es finden sich allerdings deutliche Anklänge an die Romantik durch
   - Naturmotivik
   - Harmonieerleben von Mensch und Natur, enges Verhältnis Natur – Dichter
   - Wiederfinden menschlicher Wahrheit in natürlichen Erscheinungen
   - Betonung des Gefühls, Frühling wird nicht nur sinnlich erfahren, sondern mit konkreten seelischen Stimmungen verbunden.

   Auch wenn die genannten Kriterien insgesamt die Wirklichkeit poetisieren, so fehlt doch die Tiefe der romantischen Empfindung genauso wie wichtige Motive der Epoche, z. B. die Sehnsucht, die Metapher des Herzens, die romantische Ironie; die Beschreibung des persönlichen Empfindens lässt sich eher als anspruchsloser Rückzug in die subjektive Gefühlswelt verstehen und damit der Epoche des Biedermeier zuordnen.

C. Schluss

Kunstvolle formale Gestaltung betont bei Möricke die Freude des lyrischen Ich. Mörike sieht den Menschen im Einklang mit der Natur, er greift das romantische Harmonieerlebnis auf. Allgemeine Abkehr von dieser Haltung während und nach der Industrialisierung (Naturalismus); mit dem Beginn der 80er Jahre des 20. Jahrhunderts dann neues Verhältnis des Menschen zur Natur: kein romantisierender Umgang wie bei Mörike, eher ein realistischer Umgang, der die Natur als Lebensgrundlage des Menschen anerkennt und entsprechend zu behandeln versucht.

2.11 Joseph von Eichendorff
Mondnacht

Info

Joseph Freiherr von Eichendorff wird 1788 auf Schloss Lubowitz in Oberschlesien geboren. Nach dem Jura-Studium tritt er in den preußischen Staatsdienst ein. Zwischen 1816 und 1857 lebt er in Berlin, Breslau, Königsberg und Neiße, wo er 1857 stirbt. Zu seinen bekanntesten Werken zählen *Das Marmorbild* (1819), *Aus dem Leben eines Taugnichts* (1826) *und Schloss Dürande* (1837).

Lesetext

Joseph von Eichendorff (1788–1857)
Mondnacht **(1837)**

Es war, als hätt der Himmel
Die Erde still geküsst,
Dass sie im Blütenschimmer
Von ihm nun träumen müsst.

Die Luft ging durch die Felder,
Die Ähren wogten sacht,
Es rauschten leis die Wälder,
So sternklar war die Nacht.

Und meine Seele spannte
Weit ihre Flügel aus,
Flog durch die stillen Lande,
Als flöge sie nach Haus.

Stichwortartige Ausarbeitung des Interpretationsaufsatzes

A. Einleitung

Das Programm der Romantik lässt sich stichwortartig auf *Poetisierung der Welt* reduzieren. Auf Gemälden von Malern der Romantik, wie z. B. William Turner, Carl Rottmann oder Carl Philip Fohr, ist diese schwärmerische Verklärung der Wirklichkeit deutlich zu erkennen. In dem Gedicht *Mondnacht* von Joseph von Eichendorff wird mit Worten ein schwärmerischer Eindruck der Natur, wie sie dem lyrischen Ich in einer Mondnacht erscheint, gezeichnet.

B. Hauptteil: Interpretation

I. Inhalt und Aussage

1. Inhalt

1. Strophe: Dem lyrischen Ich erscheint es so (Traum), als hätte der Himmel die Erde geküsst; Folge: Erde träumt von ihm.

2. Strophe: Wind weht durch Felder und Wälder, die Nacht ist sternklar (Realität).

3. Strophe: Seele des lyrischen Ichs erhebt sich zum Flug durch die Nacht (Vorgänge im Innern des Menschen).

2. **Aussage**

Die Natur-Erfahrungen in einer Mondnacht erwecken im lyrischen Ich die Sehnsucht, seiner seelischen Heimat näher zu kommen; Ausdruck der Sehnsucht nach Überwindung aller Gegensätze, mündend in einer Hinwendung zu Gott (*Seele*); erkennbar an den Rahmenversen V. 1 und V. 12 (Alliteration: *Himmel* und *Haus*).

II. Bezüge zur Romantik

Es lassen sich die folgenden Bezüge feststellen:

- Struktur des Gedichtes: Erzählbewegung von Himmel/Erde über Feld/Wald ins Innere des Menschen, dessen Seele wiederum die Weite wie in der 1. Strophe sucht: romantischer Entgrenzungsversuch;
- Naturerlebnis aus Traum und Realität;
- zentrale Bilder: Kuss von *Himmel* und *Erde* (1. Strophe), *Flügel* der *Seele* (3. Strophe, religiöser Begriff), *nach Haus* (V. 12) als Ziel romantischer Sehnsucht;
- einfaches, romantisches Vokabular, das nicht genau begrifflich bestimmt ist, sondern durch seine Assoziationskraft wirkt: *Blütenschimmer* (V. 3), *sternklar* (V. 8);
- Konjunktiv zur Darstellung der Traumwelt, die in der 1. Strophe mithilfe eines hypotaktisch konstruierten Satzes realisiert wird; 2. Strophe dagegen mit Parataxe für Realitätsdarstellung.

C. Schluss

Romantisches Menschenbild: Mensch als Suchender, als Wanderer zwischen Traum und Realität, getrieben vom Heimweh nach dem verlorenen Ursprung (*nach Haus*) und der Sehnsucht nach einem zukünftigen Ziel; Entgrenzungsversuche im 20. Jahrhundert auf wissenschaftlichem Gebiet, gleichzeitig findet in Zeiten wirtschaftlicher Krisen auch eine Besinnung auf religiöse Werte statt. Insofern ist das Menschenbild, das in dem Gedicht gezeichnet wird, auch heute noch aktuell.

2.12 Heinrich Heine
Nachtgedanken

Info

Heinrich Heine (Geburtsname: Harry Heine) wird am 1797 in Düsseldorf geboren und stirbt 1856 in Paris. Er studiert von 1819 an Rechts- und Kameralwissenschaften in Bonn und Göttingen und promoviert 1825 zum Dr. jur. Seit 1831 lebt und arbeitet er in Paris als Schriftsteller und Journalist. Zu seinem Werk zählen neben lyrischen auch literaturhistorische und politische Texte.

Lesetext

Heinrich Heine (1797–1856)
***Nachtgedanken* (1843)**

Denk ich an Deutschland in der Nacht,
Dann bin ich um den Schlaf gebracht,
Ich kann nicht mehr die Augen schließen,
Und meine heißen Tränen fließen.

Die Jahre kommen und vergehn!
Seit ich die Mutter nicht gesehn,
Zwölf Jahre sind schon hingegangen;
Es wächst mein Sehnen und Verlangen.

Mein Sehnen und Verlangen wächst.
Die alte Frau hat mich behext,
Ich denke immer an die alte,
Die alte Frau, die Gott erhalte!

Die alte Frau hat mich so lieb,
Und in den Briefen, die sie schrieb,
Seh ich, wie ihre Hand gezittert,
Wie tief das Mutterherz erschüttert.

Die Mutter liegt mir stets im Sinn.
Zwölf lange Jahre flossen hin,
Zwölf lange Jahre sind verflossen,
Seit ich sie nicht ans Herz geschlossen.

Deutschland hat ewigen Bestand,
Es ist ein kerngesundes Land,
Mit seinen Eichen, seinen Linden,
Werd ich es immer wieder finden.

Nach Deutschland lechzt ich nicht so sehr,
Wenn nicht die Mutter dorten wär;
Das Vaterland wird nie verderben,
Jedoch die alte Frau kann sterben.

Seit ich das Land verlassen hab,
So viele sanken dort ins Grab,
Die ich geliebt – wenn ich sie zähle,
So will verbluten mein Seele.

Und zählen muss ich – Mit der Zahl
Schwillt immer höher meine Qual,
Mir ist, als wälzten sich die Leichen
Auf meine Brust – Gottlob! sie weichen!

Gottlob! durch meine Fenster bricht
Französisch heitres Tageslicht;
Es kommt mein Weib, schön wie der Morgen,
Und lächelt fort die deutschen Sorgen.

Stichwortartige Ausarbeitung des Interpretationsaufsatzes

A. Einleitung

Heinrich Heine ging 1831 ins Exil nach Paris; 12 Jahre später schrieb er das vorliegende Gedicht *Nachtgedanken*, in dem sich das lyrische Ich in der gleichen Situation befindet wie der Dichter: Beide leben in der Fremde und setzen sich mit dem Heimweh auseinander.

B. Hauptteil: Interpretation

I. Inhalt und Aussage

1. Inhalt

Strophe 1: Das lyrische Ich gesteht, dass es regelmäßig traurig wird, wenn es nachts an Deutschland denkt.

Strophe 2: Der Sprecher vermisst die Mutter, die er seit 12 Jahren nicht mehr gesehen hat.

Strophe 3: Der Sprecher drückt aus, dass er immer an die alte Mutter denkt, die er dem Schutz Gottes empfiehlt.

Strophe 4: Die Briefe der Mutter sind offensichtlich mit zitternder Hand verfasst; der Sprecher schließt daraus, dass er auch von der Mutter vermisst wird.

Strophe 5: Das lyrische Ich denkt permanent an die Mutter; es wiederholt die Tatsache, dass es sie 12 Jahre nicht gesehen hat.

Strophe 6: Hinweis auf ewige Beständigkeit des Vaterlandes

Strophe 7: Die Mutter ist der einzige Grund, weshalb sich der Sprecher nach Deutschland zurücksehnt. Während das Vaterland ewigen Bestand haben wird, ist das Dasein der Mutter endlich.

Strophe 8: Seit dem Weggang aus Deutschland sind zahlreiche Personen gestorben, zu denen das lyrische Ich einen intensiven emotionalen Bezug hatte.

Strophe 9: Das Andenken an die zahlreichen Toten belastet das Gemüt des Sprechers.

Strophe 10: Seine Stimmung hellt sich mit der beginnenden Dämmerung auf. Der Anblick seiner schönen französischen Frau vertreibt schließlich alle traurigen Gedanken an Deutschland.

2. **Aussage**

   Das Gedicht drückt die allgemein menschliche Erfahrung des Heimwehs und der Sehnsucht nach einem geliebten Menschen aus.

II. **Formale und sprachliche Mittel (in Auswahl)**

- sehr regelmäßiger formaler Aufbau: 10 Strophen; vierhebiger Jambus, der sich der natürlichen Sprechbetonung nach manchmal dem Daktylus annähert, wodurch das einförmige „Leiern“ verhindert wird; männliche und weibliche Kadenzen; Satzenden stimmen zumeist mit Versenden überein.
- Tempus: Präsens als Ausdruck der Allgemeingültigkeit der Aussage; in V. 1 beispielsweise drückt das Präsens aus, dass es regelmäßig wiederkehrende Momente der Trauer sind.
- Alliteration (vgl. V. 1 f.): *Denk ich (...)/Dann bin ich (...)* verstärkt die Verbindung von Voraussetzung und Folge.
- Wortwahl/Metapher: *heiß* (V. 4) als bildhafte Verstärkung des Ausdrucks von Trauer
- Wiederholung von *alt* (V. 11 f.) als Hinweis auf die Vergänglichkeit und den möglichen nahen Tod der Mutter, der das Wiedersehen umso dringlicher macht.
- Wiederholung von *zwölf lange Jahre*, Präteritum und Perfekt von *fließen* (V. 18 f.) als Unterstreichung der langen Zeitdauer
- Ironie (vgl. V. 21–24): Anspielung auf romantische Poesie

- Metapher (vgl. V. 35 f.): Das Wälzen der Leichen auf die Brust des Sprechers wird als Bild verwendet, dass die Bedrückung seines Gemütes wegen des Todes der geliebten Menschen ausdrücken soll.
- zweimaliger Ausruf *Gottlob* (V. 36 f.) als Ausdruck der Erleichterung

C. Schluss

Heine drückt das Heimweh in einfachen Worten aus. Die Heimat ist dort, wo die Toten ruhen. Das lyrische Ich leidet in den Nachtstunden unter der sehnsuchtsvollen Erinnerung an die Menschen seiner Heimat, ohne dass ihm Trost, z. B. in Form des religiösen Glaubens, zuteil wird. Auch wenn es grundsätzlich nicht erlaubt ist, den realen Autor mit dem lyrischen Ich zu identifizieren, so legt die Biografie Heines und sein Exil in Frankreich einen unmittelbaren Bezug sehr nahe. Das Gedicht drückt die seelische Bedrückung durch das Fern-Sein aus.

2.13 Conrad Ferdinand Meyer

Der römische Brunnen

Info

Conrad Ferdinand Meyer wird 1825 in Zürich geboren, er stirbt 1898 in Kilchberg. Er studiert Geschichte, Philologie und Malerei. Neben Jeremias Gotthelf und Gottfried Keller ist er der bedeutendste Schweizer Erzähler und Lyriker des 19. Jahrhunderts. Bekannte Werke sind u. a.: *Huttens letzte Tage* (1871), *Jörg Jenatsch* (1876), *Der Schuss von der Kanzel* (1877), *Gustav Adolfs Page* (1882), *Die Hochzeit des Mönchs* (1884), *Angela Borgia* (1891).

Lesetext

Conrad Ferdinand Meyer (1825–1898)
***Der römische Brunnen* (1882)**

Aufsteigt der Strahl, und fallend gießt
Er voll der Marmorschale Rund,
Die, sich verschleiernd, überfließt
In einer zweiten Schale Grund;
Die zweite gibt, sie wird zu reich,
Der dritten wallend ihre Flut,
Und jede nimmt und gibt zugleich
Und strömt und ruht.

Stichwortartige Ausarbeitung des Interpretationsaufsatzes

A. Einleitung

Der Brunnen gehört zum gängigen Inventar romantischer Lyrik, wo er zumeist als ein Symbol für die dahinfließende und die vergangene Zeit steht. In Meyers Gedicht rückt mit einem römischen Brunnen ein ganz konkreter Brunnen ins Zentrum des Gedichts. Vermutlich hat der Dichter während eines Rom-Aufenthaltes 1858 damit begonnen, den Eindruck eines Brunnens in der Villa Borghese sprachlich zu gestalten – dies zumindest behauptet Meyers Schwester Elisabeth. Elf Jahre später wurde das Gedicht erstmals publiziert, da Meyer es aber immer wieder veränderte, dauerte es bis 1882, bis das Gedicht in seiner endgültigen Fassung vorlag.

B. Hauptteil: Interpretation

I. Inhalt und Aussage

1. Inhalt

Das achtzeilige Gedicht beschreibt einen Kunstbrunnen aus drei übereinander stehenden Marmorschalen, die von einer Fontäne gespeist werden. In V. 2 und 3 wird beschrieben, wie die erste Schale das Wasser empfängt und weitergibt. In V. 4 f. nimmt die zweite Schale das Wasser auf und gibt es an die dritte (V. 6) weiter. V. 7 f. drückt die Gesetzmäßigkeit der Bewegung aus.

2. Aussage

Fasst man den Brunnen als ein Symbol für eine Gesetzmäßigkeit auf, so lässt sich vermuten, dass in ihm ein Daseinsprinzip anschaulich wird, nämlich die Dialektik von Nehmen und Geben, von Bewegung und Stillstand. Beide Pole gelangen zu einer harmonischen Einheit mittels des Brunnens, der die Kunst ganz allgemein verkörpern kann.

II. Formale und sprachliche Mittel

Beachtenswertes Mittel ist die Übereinstimmung von Darstellung und Dargestelltem, das Gedicht ahmt den Kreislauf von Geben und Nehmen, von Dynamik und Statik nach. Im Einzelnen werden die folgenden Mittel verwendet:

- Strophenform: abgewandelte Stanze – aus Elfsilbler wird vierhebiger Jambus mit durchweg männlichem Ausgang, Reimschema ab ab ab cc werden zwei Kreuzreime (ab ab cd cd), Schlusszeilen mit Funktion, Gedicht abzurunden; Wahl einer italienischen Gedichtform (Stanze) könnte Hinweis auf konkreten Brunnen sein.

- Syntax: Ein einziger Satz fließt wie das Wasser von der obersten in die unterste Schale von V. 1–8; V. 1 und 6 verbunden durch *aufsteigt* und *wallend* als Ausdruck der Gegensätze von Nehmen und Geben
- Inversion des Verbs und Alliteration *Aufsteigt* – *Strahl* (V. 1) als Betonung der aufsteigenden Bewegung
- Assonanz (*Strahl* – *fallend*) und Inversion (vgl. V. 2) als Verbindung von aufsteigendem und fallendem Strahl
- Enjambement zwischen V. 1 und V. 2 als Nachahmung des Überfließens
- Verwendung von Partizipien (V. 1, V. 3, V. 6) als Versuch der Dynamisierung des dargestellten Bildes
- Parenthese *sich verschleiernd* (V. 3), unterbrochener Satzfluss als Hinweis auf das sich stauende Wasser
- viermalige Wiederholung *und*, zugleich Anapher (vgl. V. 7 f.) als Zeichen des fließenden Wassers
- „Pointe" in Schlussversen (vgl. V. 7 f.) erweitert Blick über konkreten Brunnen hinaus auf allgemein gültige Aussage: Harmonie von Ruhen und Verströmen
- Abweichung vom metrischen Schema in V. 8: stockender Rhythmus, hervorgerufen durch nur noch zwei Hebungen als Ausdruck der Zusammengehörigkeit von *strömt* und *ruht*, hier als Signalwörter verwendet
- anthropomorphe Wendungen: *sich verschleiernd* (V. 3), *reich* (V. 5), *nimmt und gibt* (V. 7) als Hinweis darauf, dass es um ein Lebensprinzip geht.

III. Zusammenfassung und C. Schluss

Der Brunnen steht als ein Symbol für die Kunst selbst: Durch sie gelangen zwei dialektische Prinzipien, Bewegung und Stillstand, zu einer Einheit; diese Einheit wird in der Harmonie des Darstellenden und Dargestellten sprachlich nachvollzogen. Die beschriebene Form des Brunnens (die Form der Kunst) kann dem Auszudrückenden die ideale Gestalt geben, gleichzeitig wird auf einen Ichbezug der lyrischen Aussage und auf eine explizite subjektive Deutung verzichtet – daher ist es gerechtfertigt, das Gedicht als eine Vorstufe der „Dinggedichte" (Gedicht, das sich Gegenständen der äußeren Wirklichkeit widmet, die intensiv rezipiert werden) anzusehen, die später insbesondere von Rilke entwickelt worden sind.

2.14 Stephan George
Komm in den totgesagten park

Info

Stefan George, Sohn eines Gastwirts und Weinhändlers, wird am 1868 in Büdelsheim (Hessen) geboren, er stirbt 1933 in Minusio (bei Locarno). Seit 1888 unternimmt er Reisen durch Europa, in Berlin studiert er für einige Semester Romanistik, Philosophie und Kunstgeschichte. George ist ein bedeutender Lyriker der deutschen Neuromantik. Zu seinen bekanntesten Gedichtzyklen zählen: *Hymnen* (1890), *Pilgerfahrten* (1891), *Algabal* (1892), *Der Teppich des Lebens und die Lieder von Traum und Tod* (1900), *Die Fibel* (1901), *Maximin. Ein Gedenkbuch* (1907) *und Der siebente Ring* (1907).

Lesetext

Stephan George (1868–1933)
***Komm in den totgesagten park* (1895)**

Komm in den totgesagten park und schau:
Der schimmer ferner lächelnder gestade.
Der reinen wolken unverhofftes blau
Erhellt die weiher und die bunten pfade.

Dort nimm das tiefe gelb, das weiche grau
Von birken und von buchs, der wind ist lau.
Die späten rosen welkten noch nicht ganz.
Erlese küsse sie und flicht den kranz.

Vergiss auch diese letzten astern nicht.
Den purpur um die ranken wilder reben
Und auch was übrig blieb von grünem leben
Verwinde leicht im herbstlichen gesicht.

Stichwortartige Ausarbeitung des Interpretationsaufsatzes

A. Einleitung

Stephan Georges Gedicht *Komm in den totgesagten park* (1895), das den Gedicht-Zyklus *Das Jahr der Seele* einleitet, ist vom französischen Symbolismus beeinflusst. Es gibt die dargestellten Elemente der natürlichen Welt nicht in naturgetreuer Darstellung wieder, sondern es weist den Dingen abstrakte Bedeutungsinhalte zu. Abstraktion, Entdinglichung und eine intensive Sprachmagie zeichnen das Gedicht aus und ordnen es dem Symbolismus zu.

B. Hauptteil: Interpretation

Der Titel enthält die Aufforderung an den Leser, in einen Park zu gehen, aus dem alles Leben gewichen zu sein scheint. In drei Strophen macht das lyrische Ich deutlich, dass das Urteil nicht zutrifft, dass sich vielmehr noch Zeichen für Leben, wenn auch vor allem für vergangenes Leben, finden lassen. Die drei Strophen sind durch die jeweiligen Reimwörter inhaltlich miteinander verbunden: Dem Kreuzreim in der ersten Strophe folgen zwei Paarreime, in der dritten Strophe wird ein umschließender Reim verwendet. Der durchgängige fünfhebige Jambus mit überwiegend männlichen Kadenzen (Ausnahmen: V. 2 und 4, V. 10 f.) gibt dem Gedicht einen gleichmäßigen Rhythmus, der die Bewegung des In-den-Park-Gehens nachahmt.

Der Aufforderung *Komm (...) und schau* (V. 1) folgt die Darstellung des Ergebnisses des „Schauens". Seen und Wege erscheinen im hellen Licht eines klaren Herbsttages. Das *unverhoffte( ) blau* (V. 3) der Wolken weist darauf hin, dass das lyrische Ich nicht mit einem schönen Tag rechnet; das Adjektiv *unverhofft* steigert den Wert des Anblicks. Die herbstlichen Farben Gelb und Grau, die mit dem Anblick von Birke und Buchs verbunden sind, werden durch die Adjektive *tief* (V. 5) und *weich* (V. 5) angenehm charakterisiert. Ein nur mäßiger Wind vervollständigt diesen Eindruck (vgl. V. 6).

Leben findet sich noch in den späten Rosen; das lyrische Ich fordert dazu auf, sie zu sammeln, zu küssen und einen Kranz daraus zu binden. Der Rosenkranz symbolisiert Feierlichkeit, gleichzeitig drückt die Wahl des Verbs *welken* (vgl. V 7) aus, dass es eine zu Ende gehende Feierlichkeit ist, der Rest von Leben soll vom Betrachter hoch geschätzt werden (vgl. V. 8).

In der letzten Strophe wird das Bild des Herbstes komplettiert durch die Nennung der Reben und der Astern (vgl. V. 9 f.). Die Aster wird in der Dichtung des Symbolismus und des Expressionismus gerne in einen symbolhaften Kontext von Tod und Vergänglichkeit gestellt – vgl. etwa Benns *Kleine Aster* oder Trakls *Verfall* –, und George stellt diesen Kontext durch das Adjektiv *letzte* (vgl. V. 9) und das Verb *übrig bleiben* (vgl. V. 11) her.

Der Kranz, der aus den Herbstpflanzen geflochten werden soll, ist ein Symbol feierlicher Feststimmung. Das lyrische Ich fordert dazu auf, die Reste der einst grünen Pflanzen zu sammeln (vgl. V. 11); die Farbe Grün steht in diesem Vers als Symbol für das Leben. Aus der symbolhaften Verwendung von Farben und Pflanzen ergibt sich am Ende das Bild einer typisch herbstlichen Atmosphäre, die sich durch die Zwischenstellung zwischen sommerlicher lebendiger Fülle und winterlicher lebloser Öde charakterisieren lässt.

C. Schluss

Das lyrische Ich beschreibt den herbstlichen Park mit Bildern, die Vergänglichkeit evozieren. In übertragenem Sinne lässt sich das menschliche Leben in diesen Sprachbildern wiederfinden; das Gedicht enthält wie barocke Lyrik einen

Memento-Mori-Appell. Anders als in barocker Lyrik werden außerhalb der Sprache und ihrer Symbolstruktur keine Orientierungspunkte gegeben, an denen sich das seiner Vergänglichkeit bewusst werdende Individuum orientieren könnte.

2.15 Rainer Maria Rilke

Der Panther

Info

Rainer Maria Rilke wird 1875 in Prag geboren, er stirbt 1926 im Sanatorium Val-Mont bei Montreux an Leukämie. Er studiert Kunst- und Literaturgeschichte in Prag, München und Berlin. Seine frühe Lyrik ist vom Impressionismus prägt. Werke sind u. a.: *Geschichten vom lieben Gott* (1904), *Das Stundenbuch* (1905), *Neue Gedichte II* (1907), *Requiem* (1909), *Die frühen Gedichte* (1909), *Die Aufzeichnungen des Malte Laurids Brigge* (1910), *Das Marienleben* (1913), *Die weiße Fürstin* (1920), *Duineser Elegien* (1923), *Sonette an Orpheus* (1923).

Lesetext

Rainer Maria Rilke (1875–1926)
***Der Panther* (1903)**
Im Jardin des Plantes, Paris

Sein Blick ist vom Vorübergehn der Stäbe
so müd geworden, dass er nichts mehr hält.
Ihm ist, als ob es tausend Stäbe gäbe
und hinter tausend Stäben keine Welt.

Der weiche Gang geschmeidig starker Schritte,
der sich im allerkleinsten Kreise dreht,
ist wie ein Tanz von Kraft um eine Mitte,
in der betäubt ein großer Wille steht.

Nur manchmal schiebt der Vorhang der Pupille
sich lautlos auf –. Dann geht ein Bild hinein,
geht durch der Glieder angespannte Stille –
und hört im Herzen auf zu sein.

Stichwortartige Ausarbeitung des Interpretationsaufsatzes

A. Einleitung

Das Gedicht *Der Panther* von Rainer Maria Rilke erschien 1903 in einer kaum bekannten böhmischen Provinzzeitschrift; heute zählt es zu den bekanntesten Gedichten des Autors, es wurde unzählige Male interpretiert und ist ein beliebter Bestandteil von Schullesebüchern.

B. Hauptteil: Interpretation

I. Inhalt und Aussage

1. Inhalt

In der **ersten Strophe** wird beschrieben, wie der Panther in seinem Käfig hin und her läuft; der Sprecher des Gedichtes meint, dass die Welt für das Tier nur aus den Gitterstäben seines Käfigs bestehe.

In der **zweiten Strophe** wird der geschmeidige Gang des Tieres beschrieben, das immer im Kreis herumläuft. Dem Sprecher des Gedichtes kommt es so vor, als ob die Willenskraft des Tieres betäubt sei.

In der **dritten Strophe** berichtet der Sprecher, dass das Tier zuweilen die Augen öffnet. Die Bilder, die das Tier wahrnimmt, verstummen ohne nachhaltige Wirkung auf sein Bewusstsein.

2. Aussage

Nahe liegend ist es, das Gedicht als eine sinnbildliche Darstellung des Leidens in Gefangenschaft, und zwar sowohl von Mensch als auch von Tier, aufzufassen. Diese Gefangenschaft kann in übertragener Bedeutung in alltäglichen Grenzziehungen wie etwa durch Familie oder Beruf bestehen. Das Gedicht gibt keine aufbauende Lehre, wie der Gefangenschaft zu entfliehen wäre; es wirkt als Appell und will die Empfänglichkeit für die Wahrnehmung solche Zustände von Gefangen-Sein schärfen.

II. Formale und sprachliche Mittel

Auffällig ist der Widerspruch zwischen der ästhetisch anspruchsvollen sprachlichen Ausgestaltung des Gedichtes und seinem Inhalt. Die wichtigsten poetischen Gestaltungsmittel sind:

- Versmaß, Reimform, Satzbau: drei Vierzeiler, fünfhebiger Jambus, drei Sätze auf drei Strophen verteilt; Gleichmäßigkeit der metrischen und syntaktischen Bewegung als Abbild der Bewegung des gefangenen Tieres (verstärkt auch durch Enjambements); Ausnahme: vierhebiger Jambus in V. 12 als Zuspitzung und Todesvision
- Assonanz und Wiederholung: *Stäbe* (V. 1), *hält* (V. 2), *Stäbe gäbe* (V. 3), *Stäbe* (V. 4) als Betonung der Gefangenschaft des Tieres

- Perspektivwechsel (vgl. V. 1 und 3): Die Stäbe gehen am Blick des Tieres vorbei – Verdeutlichung der erzwungenen Passivität
- Alliteration *Gang, geschmeidig* (V. 5)
- Vergleich *wie ein Tanz von Kraft* (V. 7), Hyperbel (*allerkleinsten*, V. 6), Paradoxon *betäubt ein großer Wille* (V. 8) als Ausdruck der Unterdrückung der Lebenskraft durch die Gefangenschaft
- Metapher *Vorhang der Pupille* (V. 9) als Verdeutlichung der Ausgrenzung
- Personifizierung: *Dann geht ein Bild hinein* (V. 10) als Ausdruck der Passivität, zu der das Tier durch die Gefangenschaft gezwungen ist.
- Metapher *Herz* (V. 12): Verdeutlichung, dass der Eindruck der äußeren Umgebung keine Reaktion im Tier auslöst. Außerhalb des Käfigs existiert für das Tier keine andere Welt mehr.

III. Zusammenfassung und C. Schluss

Das Gedicht gibt der Gefangenschaft durch seine kunstvolle Gestaltung eine ästhetisch vorbildliche Form. Dadurch wird der Problemgehalt noch zugespitzt, indem deutlich wird, dass das Schreckliche sich auch in schöner Gestalt zeigen kann.

2.16 Else Lasker-Schüler

Ein alter Tibetteppich

Info

Else Lasker-Schüler wird 1869 in Elberfeld (Wuppertal) geboren, sie stirbt 1945 in Jerusalem. Ihre Lyrik, die sich in der Hauptsache mit dem Thema „Liebe" auseinander setzt, ist zunächst noch vom Impressionismus (*Styx*, 1902) geprägt, von 1911 an sind ihre Texte vom Expressionismus bestimmt (*Meine Wunder*, 1911). Weitere Werke sind: *Hebräische Balladen* (1913), *Mein blaues Klavier* (1943), *IchundIch* (Drama, 1940/41).

Lesetext

Else Lasker-Schüler (1869–1945)
***Ein alter Tibetteppich* (1906)**

Deine Seele, die die meine liebet,
Ist verwirkt mit ihr im Teppichtibet.

Strahl in Strahl, verliebte Farben,
Sterne, die sich himmellang umwarben.

Unsere Füße ruhen auf der Kostbarkeit,
Maschentausendabertausendweit.

Süßer Lamasohn auf Moschuspflanzenthron,
Wie lange küsst dein Mund den meinen wohl
Und Wang die Wange buntgeknüpfter Zeiten schon?

Stichwortartige Ausarbeitung des Interpretationsaufsatzes

A. Einleitung

Else Lasker-Schüler hat das der Epoche des Impressionismus zuzuordnende Liebesgedicht *Ein alter Tibetteppich* im Jahre 1906 geschrieben. In den Versen spricht ein als Frau zu denkendes lyrisches Ich den Geliebten an.

B. Hauptteil: Interpretation

I. Inhalt und Aussage

1. Inhalt

Die Wiedergabe des Inhaltes ist wegen der geringen Handlung des Gedichtes und vor allem wegen der zahlreichen poetischen Neologismen schwierig. Die Inhalte sind zuweilen in individuellen Assoziationen zu den Wortneuschöpfungen verborgen. Eine auf das sachlich Nachvollziehbare beschränkte Wiedergabe des Inhaltes würde folgende Punkte umfassen:

V. 1 f.: Feststellung, dass die Seelen beider Liebenden ineinander verwoben sind. Der Vergleich mit einem geknüpften Teppich wird nahe gelegt.

V. 3 f.: Die Verbindung der Liebenden wird mit Farben und Sternen verglichen.

V. 5 f.: Beide stehen mit ihren Füßen auf dem kostbar geknüpften Teppich.

V. 7–9: Direkte Anrede des Geliebten als Sohn eines Zauberpriesters; die Sprecherin stellt die rückwärts gewandte Frage nach der Dauer eines Kusses und nach der Dauer der Berührung beider Wangen.

2. Aussage

Die Liebe ist eine alle Sinne beherrschende Macht; die Erfahrung der Verquickung zweier Leben wird als beglückend empfunden.

II. Formale und sprachliche Mittel

Formal gesehen handelt es sich um 9 Verse, die mit Paarreim verbunden sind; die Waise in V. 8 hebt den Kuss in besonderer Weise hervor.

Die Dichterin drückt die liebende Zuneigung der Sprecherin aus, ohne auf traditionelle Topoi der Liebeslyrik zurückzugreifen. Die zentrale Metapher ist der Teppich, die Leben beider Personen sind wie die Maschen des Teppichs ineinander verwoben, zusammen ergeben sie ein wunderschön anzusehendes einheitliches Bild. Verbunden mit dieser Metapher ist die Anspielung auf Orte in Zentralasien, die als exotisches Element wirken.

Zentrales poetisches Gestaltungsmittel sind Neologismen: Die Umstellung *Teppichtibet* (V. 2) drückt die dichterische Freiheit in der Herstellung von Assoziationspunkten aus; *himmellang* (V. 4) kann als Superlativ von *lang*, *Maschentausendabertausendweit* (V. 6) als Umschreibung einer riesigen Fläche begriffen werden; der *Lamasohn* (Sohn des Priesters) stellt zusammen mit *Moschuspflanzenthron* (V. 7) die Verbindung zur zentralasiatischen Region her: Die stark duftende exotische Moschuspflanze berauscht in den letzten Versen die Sinne und bietet zusätzlich zur beschriebenen körperlichen Berührung eine olfaktorische Stimulanz. Der angesprochene Geliebte ist ein Lamasohn, ein Zauberpriester; diese Berufsbezeichnung lässt die Assoziation zu, dass er nur durch Zauberkünste zu gewinnen sein mag; möglicherweise wird auf die Zaubermacht der Liebe verwiesen. Dass die Liebeserfahrung alle Sinne umfasst, macht die synästhetische Anspielung klar: audiovisueller und haptischer Sinn werden den V. 3, 5 und 7 angesprochen.

Alliterationen (*Seele* (V. 1), *Strahl in Strahl* (V. 3), *Sterne* (V. 4) und *Süßer* (V. 7), Polyptoton (*Wang die Wange*, V. 9), Binnenreime (vgl. V. 7), Personifizierung (*verliebte Farben*, V. 3) sind poetische Gestaltungsmittel, die als Strukturelemente innerhalb des Gedichtes „eingewoben" sind und es als einen kunstvoll geknüpften Text erscheinen lassen.

C. Schluss

Lasker-Schüler bedient sich in ihrem Gedicht unerhörter Ausdrucksweisen; Reimwörter oder klischeehafte Symbole wie „Herz" und „Schmerz" sucht man vergebens. Ihre Reimwörter hat es noch nicht zuvor gegeben – man sucht sie in anderen Gedichten vergeblich. Die Dichterin macht von ihrer kreativen Gestaltungskraft Gebrauch, indem sie die versteckten Klangfarben des Deutschen entdeckt und nutzt.

2.17 Georg Heym
Die Stadt

Georg Heym wird 1887 in Hirschberg (Schlesien) geboren, er ertrinkt 1912 beim Schlittschuhlaufen in Berlin. Nach dem Abitur 1907 studiert Heym Jura in Würzburg, Jena und Berlin und besteht 1911 die erste juristische Staatsprüfung. Er gibt den Plan auf, als Jurist zu arbeiten, und immatrikuliert sich am Orientalischen Seminar in Berlin, gleichzeitig bewirbt er sich um Stellen als Offiziersanwärter. Heym prägt mit seinem Werk maßgeblich den Frühexpressionismus.

Info

Georg Heym (1887–1912)
***Die Stadt* (1911)**

Lesetext

Sehr weit ist diese Nacht. Und Wolkenschein
Zerreißet vor des Mondes Untergang.
Und tausend Fenster stehn die Nacht entlang
Und blinzeln mit den Lidern, rot und klein.

Wie Aderwerk gehn Straßen durch die Stadt,
Unzählig Menschen schwemmen aus und ein,
Und ewig stumpfer Ton von stumpfem Sein
Eintönig kommt heraus in Stille matt.

Gebären, Tod, gewirktes Einerlei,
Lallen der Wehen, langer Sterbeschrei,
Im blinden Wechsel geht es dumpf vorbei:

Und Schein und Feuer, Fackeln rot und Brand,
Die drohn im Weiten mit gezückter Hand
Und scheinen hoch von toter Wolkenwand.

Stichwortartige Ausarbeitung des Interpretationsaufsatzes

A. Einleitung

Die Stadt als Ort des Inhumanen ist ein beliebtes Thema expressionistischer Gedichte. In Ernst Stadlers *Fahrt über die Kölner Rheinbrücke bei Nacht* oder Georg Heyms *Der Gott der Stadt* wird es in eindrucksvoller Weise gestaltet. Auch das vorliegende Gedicht *Die Stadt* von Georg Heym widmet sich dem Thema.

B. Hauptteil: Interpretation

1. Inhalt und Aufbau

Das Gedicht folgt der traditionellen Sonettform: In den Quartetten, dem Aufgesang, werden Beobachtungen formuliert, in den Terzetten, dem Abgesang, werden die Beobachtungen gedeutet.

1. Quartett	Das Gedicht setzt ein mit einer Naturbeschreibung: Es ist Nacht, die Wolken ziehen am untergehenden Mond vorbei, der die Stadt beleuchtet.
2. Quartett	Im zweiten Quartett steht die Stadt mit ihrer Vielzahl von Straßen und Menschen im Mittelpunkt der Beschreibung. Ein aus der Stadt kommender dumpfer Ton wird wahrgenommen.
1. Terzett	Das Leben der Menschen verläuft im unaufhörlichen Ablauf von Geburt und Tod.
2. Terzett	In der Ferne wird die Bedrohung durch ein vernichtendes Feuer wahrgenommen.

Als **Aussage** lässt sich formulieren, dass das in der Stadt geregelte Dasein der Menschen, das mit seinen natürlichen Abläufen als eintönig empfunden wird, bedroht zu sein scheint; die Bedrohung wird nicht näher benannt; sie manifestiert sich in der Metapher des Feuers.

2. Sprachliche und formale Mittel

Die sprachlichen und formalen Mittel unterstützen die subjektiven Wahrnehmungen der Stadt, die Wortwahl nimmt die im letzten Terzett gestaltete Bedrohung in Attributen und sprachlichen Bildern auf, die auf Gewalt und Zerstörung hindeuten. Im Einzelnen sind die folgenden poetischen Mittel festzustellen:

- Sonett als Gedichtform: Grund für die Übernahme der traditionellen und vor allem im Barock beliebten Form ist möglicherweise das gemeinsame Thema – die Erfahrung von Bedrohung und Vernichtung.
- Metrum, Reim, Rhythmus: fünfhebiger Jambus (statt traditionellen Alexandriners), umschließender Reim in den Quartetten (allerdings nicht nach dem traditionellen Schema abba abba, sondern abba cddc), Haufenreim in den Terzetten (traditionellerweise findet sich ein Schweifreim, zumindest greifen die Reime in den Terzetten ineinander), fließender Rhythmus: Im Gegensatz zum traditionellen Sonett handelt es sich um eine vereinfachte Form, eventuell als formale Realisierung der zum Ausdruck kommenden Monotonie des Lebens (diese Deutung wird auch durch die monoton wirkende parataktische Syntax unterstützt), die Terzette wirken als abgeschlossene Einheiten.

- Enjambement (vgl. V. 1 f., 3 f., 7 f., 13 f.): Ausdruck der Dynamik (Aufreißen der Wolken, der aus der Stadt kommende Ton, das vernichtende Feuer)
- Personifizierung (*Fenster (...) blinzeln mit den Lidern*, V. 3 f.), Vergleich (vgl. V. 5), Aufzählung (vgl. V. 9 f.), Metapher (*schwemmen*, V. 6), Farbsymbol (*rot*, V. 4), Anapher (vgl. V. 3 f.): Stadt als lebender Körper
- Personifizierung (*Und Schein und Feuer (...) drohn*, V. 12 f.), Alliteration und Farbsymbol (*Feuer, Fackeln rot*, V. 12), o-Assonanz *(rot, drohn, hoch, toter*, V. 12–14): Verstärkung der wahrgenommenen Bedrohung
- Inversion (vgl. V. 1,V. 7 f.): Unterstreichung des frühen Morgens bzw. hervorgehobene Betonung der wahrgenommenen Eintönigkeit – auch die Alliteration: *stumpfe(s) Sein* (V. 7) und *Stille* (V. 8), die Wiederholung von *stumpf* (V. 7) und *und* (V. 1, 3 f., 7, 12, 14) heben die Monotonie hervor.

3. Zentrale Bilder und Symbole

- die Stadt als Lebewesen: Die Stadt wird als organisches Leben betrachtet, das über Augen (*Fenster*, V. 3), die mit den Lidern blinzeln können (vgl. V. 4), und über ein Aderngeflecht aus Straßen (vgl. V. 5) verfügt. Das Farbsymbol *rot* (V. 4) deutet auf die Farbe von Blut hin und steht ganz allgemein für Leben und Fruchtbarkeit, aber auch für Gefahr. Die Menschen, die in der Stadt ein- und ausgehen, werden als *Aus bzw.- Einschwemmungen* (vgl. V. 6) bezeichnet: Die Assoziation mit dem Körper, der Nahrung aufnimmt und ausscheidet, liegt nahe.
- Monotonie des menschlichen Lebens: Der Mensch wird als Bestandteil einer Masse gesehen. Diese Masse ist einem permanenten Kreislauf von Werden und Vergehen unterworfen. Die einzigen Artikulationen dieser Masse sind instinktive Laute beim Gebären und beim Sterben (vgl. V. 10). Der permanente Kreislauf wird als eintönig, als *stumpf* (V. 7), *matt* (V. 8), *dumpf* (V. 11) und als *blinde(r) Wechsel* (V. 11) empfunden. Für Individualität ist kein Platz. Die Menschen, die in dieser Weise ihr *stumpfe(s) Sein* (V. 7) leben, scheinen für die im letzten Terzett angekündigte Bedrohung nicht empfänglich zu sein.
- Bilder der angekündigten Zerstörung: Im ersten Quartett wird Zerstörung durch die Wortwahl angekündigt, das *Zerreißen* (vgl.V. 2) des Wolkenscheins, der Untergang des Mondes (vgl. V. 2) stehen in inhaltlicher Verbindung mit dem letzten Terzett, das explizit die drohende Vernichtung in Farbsymbolik (*rot*, V. 12) und Wortwahl (*drohn*, V. 13, *tot*, vgl. V. 14) ankündigt.

C. Schluss

Heyms Gedicht lässt sich sprachlich und inhaltlich dem Expressionismus zuordnen. Kriterien dafür sind u. a.: Ausdruck des inneren Erlebens, Pathos, Ekstase, Wiedergabe subjektiv-sinnlicher Eindrücke, subjektive Überhöhung des Realen, Vorstellung eines neuen Menschen. Die drohende Zerstörung könnte auf den Ersten Weltkrieg hinweisen, der auch von Künstlern als „Reinigung" betrachtet wurde, die überkommende gesellschaftliche Strukturen auslöscht und Platz für eine neue Gesellschaftsform und einen „neuen Menschen" macht

2.18 Georg Trakl

In den Nachmittag geflüstert

Info

Georg Trakl wird 1887 in Salzburg geboren, er stirbt 1914 in Krakau. Er zählt zu den bedeutendsten Lyrikern des Expressionismus. Werke z. B.: *Gedichte* (1913), *Sebastian im Traum* (1915).

Lesetext

Georg Trakl (1887–1914)
***In den Nachmittag geflüstert* (1912)**

Sonne, herbstlich dünn und zag,
Und das Obst fällt von den Bäumen.
Stille wohnt in blauen Räumen
Einen langen Nachmittag.

Sterbeklänge von Metall;
Und ein weißes Tier bricht nieder.
Brauner Mädchen raue Lieder
Sind verweht im Blätterfall.

Stirne Gottes Farben träumt,
Spürt des Wahnsinns sanfte Flügel.
Schatten drehen sich am Hügel
Von Verwesung schwarz umsäumt.

Dämmerung voll Ruh und Wein;
Traurige Guitarren rinnen.
Und zur milden Lampe drinnen
Kehrst du wie im Traume ein.

A. Einleitung

„Mensch und Natur" ist das Thema, das der expressionistische Dichter Georg Trakl in seinem Gedicht *In den Nachmittag geflüstert* entfaltet. Die Gedanken des lyrischen Sprechers werden vom situativen Kontext eines Nachtmittags bestimmt.

B. Hauptteil

1. **Inhalt und Aufbau**

In vier Strophen werden die Wahrnehmungen und Gedanken des lyrischen Sprechers dargestellt, der in der Natur den späten Nachmittag erlebt und während der Dämmerung schließlich ins Haus zurückkehrt.

1. Strophe: Der lyrische Sprecher befindet sich draußen in der Natur, er erlebt einen herbstlichen Nachmittag: Die Sonne wärmt nicht mehr wie im Sommer, diffuses Licht rahmt die Szenerie ein, Obst fällt bereits von den Bäumen. Die Zeit scheint stillzustehen, vollkommene Geräuschlosigkeit prägt den auditiven Eindruck.

2. Strophe: Die Stille der ersten Strophe wird von metallischen Klängen durchbrochen, die den Tod bedeuten. In V. 6 geht ein *weißes Tier* zu Boden, der Hinweis in V. 5 könnte darauf schließen lassen, dass es von einer Gewehrkugel getroffen worden ist. Im zweiten Teil der Strophe wird erzählt, dass auch die Lieder, die Mädchen (im Sommer) gesungen haben, nun nicht mehr hörbar sind; zusammen mit den von den Bäumen fallenden Blättern haben sie ihre Lebenskraft verloren.

3. Strophe: Die dritte Strophe erweitert den Natureindruck ins Metaphysische. Die Gedanken des lyrischen Ichs wenden sich an Gott; es diagnostiziert einen Anflug von Irrsinn, der als wohl tuend, als *sanft* (V. 10), bezeichnet wird. Schatten, deren schwarze Farbe als Verwesungszeichen gedeutet wird, formieren sich zu einem Totentanz an einem Hügel.

4. Strophe: Das lyrische Ich kehrt aus der Dämmerung, die mit Trauer, Stille und Todesvisionen angereichert ist, in die Sicherheit der Wohnung zurück. Der Schein der Lampe wird als *mild* empfunden, das lyrische Ich oder der Leser (*du*, V. 16) erleben die Rückkehr als traumähnlichen Prozess.

Aussage: Der Nachmittag wird als ein „Zwischenzustand" erlebt; Leben und Tod sind die beiden Antipoden, die sich im Kontrast von Sommer und Herbst, Mittag und Abend, Natur und Haus wiederfinden lassen. Der Traum wird zum Zwischenstadium zwischen Leben und Tod, mit seiner Hilfe sind metaphysische Bedingungen wahrnehmbar. Auch der Titel des Gedichtes verweist auf den „Zwischenzustand", auf die Flüchtigkeit des gesprochenen Wortes: Der Inhalt des Gedichtes ist ein „Flüstern".

2. **Sprachliche und formale Mittel**
   - Versmaß, Reimform, Satzbau: vierhebiger Trochäus, umschließender Reim mit abwechselnd männlichen und weiblichen Kadenzen, unvollständige Sätze (Ellipsen) zu Beginn einer Strophe (vgl. z. B. V. 1, 5, 13): Regelmäßigkeit des Aufbaus, besondere Hervorhebung des jeweils ersten Wortes eines Verses, die zu Schlüsselwörtern werden. Die *Sonne* (V. 1) wird von der Dämmerung (vgl. V. 13) verdrängt, das lyrische Ich nimmt den Tod wahr in den *Sterbeklänge(n)* (V. 5), es erweitert gedanklich (*Stirne*, V. 9) die Dimension ins Metaphysische.
   - Enjambement (vgl. V. 3 f., V. 7 f., 15 f.): Das Enjambement hebt die Ausdehnung der Stille (vgl. V. 3 f.), das Verschwinden der Lieder (vgl. V. 7 f.) und schließlich die Bewegung des Zurückkehrens (vgl. V. 15 f.) hervor.
   - Farbsymbolik: Die Farbe *blau* (V. 3) gilt im Expressionismus als Farbe der Unendlichkeit und des Todes. In diesem Sinne steht sie z. B. im Ausdruck *blaue Aster* in Trakls Gedicht *Verfall.* Die Farbe *weiß* (V. 6) gilt allgemein als Farbe der Reinheit, der Unschuld, aber auch als Farbe der Trauer. *Braun* (V. 7) ist die Farbe des Bodens und konnotiert mit Fruchtbarkeit und Lebenskraft. Die Farbe *schwarz* (V. 12) wird in Zusammenhang gebracht mit Unglück, Trauer und Tod.
   - Metapher: Mit dem Ausdruck *Sterbeklänge von Metall* (V. 5) wird auf das Gewehr als Todesinstrument hingedeutet. Auch in dem Trakl-Gedicht *An die Verstummten* wird die Metapher des Metalls verwendet: *Aber stille blutet in dunkler Höhle stummere Menschheit, / Fügt aus harten Metallen das erlösende Haupt* (V. 10 f.). In diesem Gedicht geht von der Metapher die Hoffnung auf einen gewaltsamen Aufstand der unterdrückten und leidenden Menschen aus.
   - Metapher: *Lieder / Sind verweht* (V. 7 f.) als Betonung der Flüchtigkeit des Lebensmutes und der Lebenskraft, für die das Singen von Liedern steht.
   - Assonanz: Die Adjektive *braun* und *rau* (V. 7) stehen in Verbindung mit den Mädchen und deuten mit dem Symbolgehalt der Farbe und der Zuordnung zum weiblichen Geschlecht auf Lebenskraft und Fruchtbarkeit hin.
   - Metapher: *Stirne Gottes Farben träumt* (V. 10), Wiederholung: *träumt* (V. 10), *Traum* (vgl. V. 16), Vergleich: *wie im Traume* (V. 16): Die Erfahrung des Metaphysischen ist nur in einem „halbbewussten" Zustand möglich. Dieser Zustand ist nicht klar benennbar, sondern nur mit Hilfe von bildhafter Sprache und vergleichender Annäherung beschreibbar.
   - Personifikation: Der Ausdruck *des Wahnsinns sanfte Flügel* (V. 10) zeigt, welche Dynamik und Verbreitungskraft Wahnsinn hat. Der Wahnsinn als Gegensatz zum Realitätssinn wird mit dem positiven Attribut *sanft* (V. 10) charakterisiert. Auch in dem Gedicht *In ein altes Stammbuch* (1912) verwendet Trakl die positive Metapher vom „weichen Wahnsinn".

- Die s-Alliteration: *Sonne* (V. 1), *Stille* (V. 3), *Sterbeklänge* (V. 5), *Stirne* (V. 9), *Spürt* (V. 10), *sanfte* (V. 10), *Schatten* (V. 11) verbindet die Schlüsselwörter des Gedichtes.
- Der Pleonasmus *schwarze Schatten* (V. 11 f.) hebt die Verwesung hervor, die zusätzlich für die Dunkelheit der Schattenfiguren verantwortlich ist.
- Personifikation: *Stille wohnt* (V. 3) unterstreicht die Dauerhaftigkeit der Stille, die in der Dämmerung ihre Wohnung genommen hat.
- Metapher/Chiffre: *Weißes Tier* (V. 6) als Hinweis auf die Vernichtung von Lebendigem; die Doppeldeutigkeit des Farbsymbols verweist auf die Unschuld des Lebewesens wie auf seinen Tod.
- Synästhesie: *traurige Guitarren rinnen* (V. 14) als Verbindung eines visuellen und auditiven Sinneseindrucks; Die Traurigkeit der Melodie wird durch das Verb *rinnen* verstärkt: Ein „Rinnsal" ist ein mit geringer Kraft spärlich dahinfließender Wasserlauf – das ließe sich als ein Hinweis auf das bevorstehende Lebensende deuten.

3. Zentrale Bilder und Symbole

- Nachmittag und Dämmerung als Tageszeiten, in der das Individuum sich seiner Vergänglichkeit bewusst wird. In diesem Sinne wird die Tageszeit auch in Trakls *In ein altes Stammbuch* (1912) verwendet: *Demutsvoll beugt sich dem Schmerz der Geduldige / Tönend von Wohllaut und weichem Wahnsinn / Siehe! Es dämmert schon* (V. 4–6).
- Die Todesmetaphorik bestimmt zusammen mit einer mit Tod und Vergänglichkeit zu assoziierenden Farbsymbolik die Grundaussage des Gedichtes. Metaphern, die auf den Tod verweisen, sind: die schwache Nachtmittagssonne (vgl. V. 1), die Dämmerung (vgl. V. 13), der Herbst (vgl. V. 1), das Fallobst (vgl. V. 2), *Sterbeklänge* (V. 5), der Tod des Tieres (vgl. V. 6), das Verstummen der Lieder (vgl. V. 7 f.), der Totentanz (vgl. 11 f.), die traurigen Gitarrenklänge (vgl. V. 14).
- Der Traum wird als Metapher für den Zwischenzustand zwischen Leben und Tod gedeutet, der das Bewusstsein für das Metaphysische öffnet. Er ermöglicht die Transzendierung des eigenen Lebens, dem als Resultat das Bewusstsein der eigenen Vergänglichkeit folgt.
- Das Gedicht wird von Kontrasten bestimmt: Natur und Haus (besonders deutlich im Kontrast von natürlicher Sonne und künstlicher Lampe); Leben und Tod; Dämmerung als Zwischenstadium zwischen Tag und Nacht.

C. Schluss

Trakls Gedicht zeigt einen kunstvollen, regelmäßigen Aufbau; zahlreiche Metaphern und auch Chiffren lassen sich mit Tod und Vergänglichkeit assoziieren: Dieser Widerspruch zwischen ästhetisch ansprechender Form und einem Inhalt, der von Tod und Verwesung handelt, unterstreicht die expressionistische

Naturerfahrung als eine Erfahrung der Vergänglichkeit. Die Weltsicht ist von Melancholie und Traumhaftigkeit (*Wahnsinn*) bestimmt.
Der späte Nachmittag und die Abenddämmerung sowie Melancholie sind oft gestaltete Themen von Trakl-Gedichten (vgl. z. B. *Verfall*); der für den Expressionismus typische radikale Bruch mit tradierten Formen findet sich in dem Gedicht nicht, allenfalls lassen sich Anklänge daran z. B. in Ellipsen und in kühnen Metaphern (vgl. V. 9 f.) feststellen; der Ausdruck des inneren Erlebens, das Pathos, die Wiedergabe subjektiv-sinnlicher Eindrücke, die subjektive Überhöhung des Realen und die Erfahrung von Vernichtung und Tod verbinden das Gedicht mit anderen lyrischen Werken expressionistischer Lyrik, wie z. B. mit Georg Heyms *Der Krieg* (1912) oder Ernst Stadlers *Sterben* (1914).

2.19 Gottfried Benn
Morgue I: Kleine Aster

Info

Gottfried Benn wird 1886 in Mansfeld geboren. Nach dem Studium der Medizin arbeitet er von 1912 an als Arzt in Berlin, im selben Jahr erscheint seine erste Gedichtsammlung *Morgue*, mit der er große Aufmerksamkeit besonders im expressionistisch orientierten Publikum erlangt. Am Ersten Weltkrieg nimmt er als Militärarzt teil. 1933 begrüßt er zunächst die Machtübernahme durch die Nationalsozialisten, erhält dann aber von 1938–1945 Schreibverbot. Bis zu seinem Tod im Jahre 1956 lebt er als Arzt und Schriftsteller in Berlin.

Lesetext

Gottfried Benn (1886–1956)
***Morgue*[1] *I: Kleine Aster* (1912)**

Ein ersoffener Bierfahrer wurde auf den Tisch gestemmt.
Irgendeiner hatte ihm eine dunkelhellila Aster
zwischen die Zähne geklemmt.
Als ich von der Brust aus
unter der Haut
mit einem langen Messer
Zunge und Gaumen herausschnitt,
muß ich sie angestoßen haben, denn sie glitt
in das nebenliegende Gehirn.

1 Leichenschauhaus

Ich packte sie ihm in die Brusthöhle
zwischen die Holzwolle,
als man zunähte.
Trinke dich satt in deiner Vase!
Ruhe sanft,
kleine Aster!

Stichwortartige Ausarbeitung des Interpretationsaufsatzes

A. Einleitung

In seinem Gedicht *Kleine Aster* thematisiert der Arzt und Lyriker Gottfried Benn Vergänglichkeitserfahrung; er kleidet sie in ein groteskes Bild von leiser, aber eindrucksvoller expressionistischer Kühnheit.

B. Hauptteil: Interpretation

I. Inhalt und Aussage

1. Inhalt

Das Gedicht besteht aus sechs Sätzen: Im ersten Satz (vgl. V. 1) wird berichtet, dass die Leiche eines ertrunkenen Bierfahrers auf einen Tisch im Leichenschauhaus gehoben wird. Der zweite Satz (vgl. V. 2 f.) widmet sich einer Aster, die zwischen Ober- und Unterkiefer der Leiche geklemmt worden ist. Im dritten Satz (vgl. V. 4–9) vermutet das lyrische Ich, das im Gedicht die Rolle des obduzierenden Arztes einnimmt, dass die Blume beim Heraustrennen von Zunge und Gaumen in das Gehirn geglitten sein muss. Im vierten Satz (vgl. V. 10–12) wird die Blume in die Brusthöhle gelegt, die danach zugenäht wird. In den letzten beiden Sätzen (vgl. V. 13–15) wendet sich das lyrische Ich direkt an die Aster und wünscht ihr eine sanfte Ruhe.

2. Aussage

Eine eindeutige Aussage ist nur schwer auszumachen: Je nach Standpunkt könnte man das Gedicht einerseits als Memento-Mori-Appell, andererseits aber auch als Hochschätzung des Lebendigen verstehen.

II. Formale und sprachliche Mittel

Die verwendeten formalen und sprachlichen Mittel verstärken den ambivalenten Eindruck der Aussage:

- optisch gegliederte Prosa, Verzicht auf Metrum und Reim, umgangssprachliche Wendungen (*ersoffener*, V. 1) deuten auf die Alltäglichkeit der Arbeit im Leichenschauhaus hin. Der Tod hat seine Besonderheit hier verloren und wird als alltägliche Tatsache mit der entsprechenden Routine behandelt.

- Medizinische Beschreibungsweise (vgl. z. B. V. 3–5, 7, 9 f.): Dem menschlichen Körper fehlt jegliche Individualität, er wird nur noch wissenschaftlich bestimmt. In der Brusthöhle, wo normalerweise das Herz zu finden ist (das nicht erwähnt wird), sieht das lyrische Ich nur Holzwolle. Das Fehlen des Herzens deutete auf den Verlust der Individualität durch den Tod hin.
- Ausruf, Imperative (vgl. V. 13–15): Hinwendung zur Blume als einzig Lebendigem, Aufforderung zu trinken als Ausdruck von Sorge.
- Anspielung (vgl. V. 14 f.): Grabinschrift *ruhe sanft*, nicht dem Leichnam gilt die Zuwendung, sondern der Blume, die gleichsam bestattet wird.
- Metapher *Aster* (V. 2): Die Aster ist die Blume, die in expressionistischen Gedichten häufig mit Tod und Vergänglichkeit in Verbindung gebracht wird; in diesem Sinne steht sie z. B. im Ausdruck *blaue Aster* in Georg Trakls Gedicht *Verfall* oder in Stephan Georges *Komm in den totgesagten park*. Die Todesmetaphorik bestimmt zusammen mit einer mit Tod und Vergänglichkeit zu assoziierenden Farbsymbolik die Grundaussage des Gedichtes.

III. Zusammenfassung und C. Schluss

An der Blume kann das lyrische Ich dem Tod die Ehre geben, sie steht stellvertretend für die Leichname, die nur als entindividualisierte Körper einer routinemäßigen Behandlung unterzogen werden. Die Blume kann somit dem Verlangen des lyrischen Ichs Ausdruck geben, den menschlichen Tod nicht nur aus einer medizinisch-naturwissenschaftlichen, sondern aus einer humanen Perspektive heraus zu betrachten.

2.20 Erich Kästner

Sachliche Romanze

Erich Kästner wird 1899 in Dresden geboren, er stirbt 1974 in München. Von 1919 an studiert er Germanistik, Geschichte, Philosophie und Theatergeschichte in Leipzig – später auch Rostock und Berlin; 1925 promoviert er zum Dr. phil. Seit 1927 lebt er als Theaterkritiker und Schriftsteller in Berlin und München, er verfasst zeitkritische, politisch-satirische Gedichte und (Kinder-) Romane. Zu seinen bekanntesten Werken gehören: *Emil und die Detektive* (1929), *Pünktchen und Anton* (1931), *Der 35. Mai* (1931), *Das fliegende Klassenzimmer* (1933), *Drei Männer im Schnee* (1934), *Georg und die Zwischenfälle* (1938).

Erich Kästner (1899–1974)
***Sachliche Romanze* (1928)**

Als sie einander acht Jahre kannten
(und man darf sagen: sie kannten sich gut),
kam ihre Liebe plötzlich abhanden.
Wie andern Leuten ein Stock oder Hut.

Sie waren traurig, betrugen sich heiter,
versuchten Küsse, als ob nichts sei,
und sahen sich an und wussten nicht weiter.
Da weinte sie schließlich. Und er stand dabei.

Vom Fenster aus konnte man Schiffen winken.
Er sagte, es wäre schon Viertel nach Vier
und Zeit, irgendwo Kaffee zu trinken.
Nebenan übte ein Mensch Klavier.

Sie gingen ins kleinste Café am Ort
und rührten in ihren Tassen.
Am Abend saßen sie immer noch dort.
Sie saßen allein, und sie sprachen kein Wort
und konnten es einfach nicht fassen.

Stichwortartige Ausarbeitung des Interpretationsaufsatzes

A. Einleitung

Erich Kästner ist nicht nur der Autor heiterer Kinder- und Jugendbücher, seine Erwachsenenliteratur widmet sich ernsten Themen des menschlichen Lebens. Im vorliegenden Gedicht *Sachliche Romanze*, das am Anfang des 1928 erschienenen Gedicht-Bandes *Lärm im Spiegel* steht, beschreibt er das Ende einer Liebesbeziehung.

B. Hauptteil: Interpretation

I. Inhalt und Aussage

1. Inhalt

1. Strophe: Ein Liebespaar, das sich sehr gut kennt, stellt nach acht Jahren fest, dass die gegenseitige Liebe verschwunden ist.

2. Strophe: Trotz der Trauer, die beide überkommt, versuchen sie so zu tun, als ob sich nichts verändert habe. Doch selbst das Küssen offenbart nur die plötzliche Abwesenheit der Liebe. Als Reaktion auf diese

Erkenntnis beginnt die Frau zu weinen, während der Mann hilflos neben ihr steht und kein Wort sagt.

3. **Strophe:** Die dritte Strophe richtet den Blick auf die Außenwelt und erwähnt, dass Schiffe in Sichtweite vorüberfahren. Der Mann weist darauf hin, dass es Zeit sei, einen Kaffee zu trinken. Außerdem lässt sich Klavierspiel vernehmen.
4. **Strophe:** Mann und Frau sitzen ohne miteinander zu sprechen bis zum Abend in einem kleinen Café; den Verlust ihrer Liebe können sie sich nicht erklären.

2. Aussage

Der Verlust der emotionalen Basis einer Beziehung kann zuweilen aus unerklärlichen Gründen geschehen. Den Betroffenen bleibt nur, den Verlust hinzunehmen und die Konsequenzen daraus zu ziehen.

II. Formale und sprachliche Mittel

Das Ereignis, das beide Menschen zutiefst erschüttert, wird mit einfachen sprachlichen Mitteln ausgedrückt, die es erlauben, das Gedicht der „neuen Sachlichkeit" zuzuordnen. Die ersten drei Strophen sind mit dem Kreuzreim regelmäßig gestaltet; die vierte Strophe weist fünf Verse auf, der Kreuzreim wird durch einen Paarreim (vgl. V. 15 f.) erweitert, der das lange sprachlose, einsame Sitzen des Paares mit umschreibt. Ein einheitliches Metrum ist nicht erkennbar. Weitere charakteristische Mittel, die die Alltäglichkeit und damit die Normalität des Ereignisses suggerieren sollen, sind:

- Vergleich: *wie andern Leuten ein Stock oder Hut* (V. 4)
- Wiederholung der Konjunktion *und* (vgl. V. 2, 7 f., 11, 14, 16 f.)
- überwiegend parataktische Syntax
- Wortwiederholung (*saßen*, V. 15 f.)

C. Schluss

Was ist das für eine Liebe, die *plötzlich* (V. 3) abhanden gehen kann? War sie überhaupt tief? Genauso wie es unerklärlich ist, wieso sich Menschen ineinander verlieben, genauso unerklärlich ist es, wieso die Liebe von einem Moment auf den nächsten verschwunden sein kann. Die leichte, fast trivial anmutende Stimmung, die durch die einfachen poetischen Gestaltungsmittel hervorgerufen wird und die das Gedicht in die Nähe eines Kindergedichtes bringt, legt nahe, dass die angemessene Reaktion auf dieses Ereignis die des Akzeptierens und Weiterlebens ist. Dort, wo etwas nicht ergründet werden kann, bringt es nichts, sich den Kopf zu zerbrechen. Insofern will Kästner mit seinem traurigen Gedicht in sachlichem Gewande vor allem Trost spenden.

2.21 Bertolt Brecht
An die Nachgeborenen

Info

Bertolt Brecht wird 1898 in Augsburg geboren. Erste schriftstellerische Versuche fallen schon in seine Schulzeit. Als Dramaturg bei Max Reinhardt sammelt er wichtige Theatererfahrung, daneben veröffentlicht er sozialkritische Gedichte (*Bertolt Brechts Hauspostille,* 1927). *Die Dreigroschenoper* (1928) wird zum Skandalstück der Weimarer Republik, weil sie die Zuschauer nicht unterhalten, sondern im Sinne des epischen Theaters aufrütteln will. Nach dem Beginn der faschistischen Diktatur in Deutschland verlässt Brecht Deutschland und ist mehrere Jahre in Österreich, Dänemark, Schweden, Finnland und der Sowjetunion unterwegs, bis er sich in Kalifornien niederlässt. Während des Exils entstehen seine bedeutendsten Stücke wie z. B. *Mutter Courage, Der gute Mensch von Sezuan* und *Leben des Galilei.* 1947 siedelt er nach Ost-Berlin über und inszeniert an seinem *Berliner Ensemble* Musteraufführungen seiner Werke, die ihn als Erneuerer des Theaters ausweisen. Brecht stirbt 1956 in Ost-Berlin.

Lesetext

Bertolt Brecht (1898–1956)
***An die Nachgeborenen* (1940)**

I
Wirklich, ich lebe in finsteren Zeiten!
Das arglose Wort ist töricht. Eine glatte Stirn
Deutet auf Unempfindlichkeit hin. Der Lachende
Hat die furchtbare Nachricht
Nur noch nicht empfangen.

Was sind das für Zeiten, wo
Ein Gespräch über Bäume fast ein Verbrechen ist
Weil es ein Schweigen über so viele Untaten einschließt!
Der dort ruhig über die Straße geht
Ist wohl nicht mehr erreichbar für seine Freunde
Die in Not sind?

Es ist wahr: ich verdiene noch meinen Unterhalt
Aber glaubt mir: das ist nur ein Zufall. Nichts
Von dem, was ich tue, berechtigt mich dazu, mich sattzuessen.
Zufällig bin ich verschont. (Wenn mein Glück aussetzt, bin ich verloren.)

Man sagt mir: Iß und trink du! Sei froh, daß du hast!
Aber wie kann ich essen und trinken, wenn
Ich dem Hungernden entreiße, was ich esse, und
Mein Glas Wasser einem Verdurstenden fehlt?
Und doch esse und trinke ich.

Ich wäre gerne auch weise.
In den alten Büchern steht, was weise ist:
Sich aus dem Streit der Welt halten und die kurze Zeit
Ohne Furcht verbringen
Auch ohne Gewalt auskommen
Böses mit Gutem vergelten
Seine Wünsche nicht erfüllen, sondern vergessen
Gilt für weise.
Alles das kann ich nicht:
Wirklich, ich lebe in finsteren Zeiten!

II
In die Städte kam ich zur Zeit der Unordnung
Als da Hunger herrschte.
Unter die Menschen kam ich zu der Zeit des Aufruhrs
Und ich empörte mich mit ihnen.
So verging meine Zeit
Die auf Erden mir gegeben war.

Mein Essen aß ich zwischen den Schlachten
Schlafen legte ich mich unter die Mörder
Der Liebe pflegte ich achtlos
Und die Natur sah ich ohne Geduld.
So verging meine Zeit
Die auf Erden mir gegeben war.

Die Straßen führten in den Sumpf zu meiner Zeit.
Die Sprache verriet mich dem Schlächter.
Ich vermochte nur wenig. Aber die Herrschenden
Saßen ohne mich sicherer, das hoffte ich.
So verging meine Zeit
Die auf Erden mir gegeben war.

Die Kräfte waren gering. Das Ziel
Lag in großer Ferne. Es war deutlich sichtbar, wenn auch für mich
Kaum zu erreichen.

So verging meine Zeit
Die auf Erden mir gegeben war.

III
Ihr, die ihr auftauchen werdet aus der Flut
In der wir untergegangen sind
Gedenkt
Wenn ihr von unseren Schwächen sprecht
Auch der finsteren Zeit
Der ihr entronnen seid.
Gingen wir doch, öfter als die Schuhe die Länder wechselnd
Durch die Kriege der Klassen, verzweifelt
Wenn da nur Unrecht war und keine Empörung.
Dabei wissen wir doch:
Auch der Haß gegen die Niedrigkeit
Verzerrt die Züge.
Auch der Zorn über das Unrecht
Macht die Stimme heiser. Ach, wir
Die wir den Boden bereiten wollten für Freundlichkeit
Konnten selber nicht freundlich sein.

Ihr aber, wenn es so weit sein wird
Daß der Mensch dem Menschen ein Helfer ist
Gedenkt unsrer
Mit Nachsicht.

Stichwortartige Ausarbeitung des Interpretationsaufsatzes

A. Einleitung

Bertolt Brecht, geboren 1898 in Augsburg, einer der bedeutendsten deutschen Dichter dieses Jahrhunderts, muss 1933 Deutschland verlassen, kehrt erst 1947 nach Europa zurück; Exilerfahrungen als Hintergrund für das 1940 entstandene Gedicht *An die Nachgeborenen*.

B. Hauptteil: Interpretation

I. Inhalt und Aussage

Dreistrophiges Gedicht; erste Strophe mit Klage über negative Zeitumstände; Grund: Fröhlichkeit, Plauderei und Seelenruhe sind zu Ausdrucksformen der Ignoranz angesichts der Gewalt und des Leidens geworden; Betonung der Zufälligkeit des eigenen Glücks, verschont worden zu sein und weiterhin den Lebensunterhalt verdienen zu können; widersprüchliches Verhalten angesichts moralischer Skrupel, dennoch weiterhin zu essen und zu trinken; das lyrische Ich beklagt die Unmöglichkeit, ohne Gewalt und ohne Egoismus zu leben; zweite Strophe mit Beispielen aus der Vergangenheit: Teilnahme an Protesten, die Kampfsituation, in der das lyrische Ich weder für Liebe noch Natur empfänglich ist, die Ausweglosigkeit des eingeschlagenen Wegs, das Eingeständnis der eigenen Machtlosigkeit und die Hoffnung, im Kleinen etwas erreicht zu haben, schließlich die Spannung zwischen den geringen eigenen Kräften und dem weit entfernten Ziel; in vier refrainartigen Doppelversen wird das Verstreichen der Lebenszeit ausgedrückt; dritte Strophe spricht direkt die Nachgeborenen an; Appell, bei aller Kritik an den Vorfahren deren Exilsituation zu berücksichtigen und nachsichtig zu urteilen (= Aussage).

II. Poetische Mittel

Im Dienste dieser Aussage stehen die verwendeten poetischen Mittel:
- Form: reimlos, freie Rhythmen als Ausdruck der Unordnung;
- Tempuswahl: Präsens (erste Strophe), Bestandsaufnahme, Imperfekt (zweite Strophe) als Rückblick, Futur (dritte Strophe) als Hinweis auf zukünftige Generationen;
- zahlreiche Enjambements: z. B. V. 2–4, V. 6 f., als Zeichen für die Zerrüttung der Welt und des Subjekts;
- vier refrainartige Doppelverse: V. 35 f., V. 41 f., V. 47 f., V. 52 f., Empfindung eines unerfüllten Lebens;
- Vergleich: V. 60, Hinweis auf Fluchtsituation;
- direkte Ansprache des Lesers: V. 70, Appell;
- Ideologiesprache: *Kriege der Klassen* (V. 61), Hinweis auf marxistische Weltanschauung.

III. Lebensumstände des Dichters

Amerika als Aufenthaltsort Brechts und zahlreicher anderer Exildeutscher zur Zeit der Abfassung; mit *furchtbare(r) Nachricht* (V. 4) und *Untaten* (V. 8) sind wohl Zweiter Weltkrieg und nationalsozialistische Terrorherrschaft gemeint; *Schlächter* (V. 44) als direkter Hinweis auf Hitler (vgl. die *Reden des Anstreichers* in *Schlechte Zeit für Lyrik*), der wiederum stellvertretend (metonymisch) für die NS-Herrschaft steht; im Rückblick der zweiten Strophe Beschreibung der innenpolitischen Zustände in Deutschland zur Zeit der Weltwirtschaftskrise (wirtschaftlicher Niedergang, innenpolitische Auseinandersetzungen, Aufstieg der NSDAP); in V. 45 f. Andeutung der Flucht aus Deutschland, zu der Brecht als Marxist gezwungen ist (vgl. auch Ideologiesprache in V. 61).

C. Schluss

Das Problem der Humanität (vgl. V. 71) wird besonders im Drama *Der gute Mensch von Sezuan* thematisiert, das zur selben Zeit wie das Gedicht entstanden ist. Veränderung der Wirklichkeit im marxistischen Sinne als Voraussetzung für neue Ethik von Brecht intendiert; Problem, wie sich der Einzelne in einem autoritären Regime angesichts der mangelnden Durchsetzung der Wahrheit zu verhalten hat (vgl. V. 45 f.), wird in *Leben des Galilei* thematisiert.

2.22 Paul Celan
Todesfuge

Info

Paul Celan (eigentlich Paul Antschel) wird 1920 in Czernowitz geboren. Sein Medizin- und Romanistikstudium in Paris und Czernowitz wird durch die nationalsozialistische Gewaltherrschaft unterbrochen. Seine Eltern werden 1942 in ein Vernichtungslager deportiert, Paul Celan selbst wird nach Rumänien verschleppt. Nach dem Krieg nimmt er seinen Wohnsitz wieder in Paris und arbeitet von 1959 an als Lektor für deutsche Sprache. 1970 scheidet er durch Freitod aus dem Leben.

Lesetext

Paul Celan (1920–1970)
***Todesfuge* (1945)**

Schwarze Milch der Frühe wir trinken sie abends
wir trinken sie mittags und morgens wir trinken sie nachts
wir trinken und trinken
wir schaufeln ein Grab in den Lüften da liegt man nicht eng
Ein Mann wohnt im Haus der spielt mit den Schlangen der schreibt
der schreibt wenn es dunkelt nach Deutschland dein goldenes Haar Margarete
er schreibt es und tritt vor das Haus und es blitzen die Sterne er pfeift seine Rüden herbei
er pfeift seine Juden hervor lässt schaufeln ein Grab in der Erde
er befiehlt uns spielt auf nun zum Tanz

Schwarze Milch der Frühe wir trinken dich nachts
wir trinken dich morgens und mittags wir trinken dich abends

wir trinken und trinken
Ein Mann wohnt im Haus der spielt mit den Schlangen der schreibt
der schreibt wenn es dunkelt nach Deutschland dein goldenes Haar Margarete
Dein aschenes Haar Sulamith wir schaufeln ein Grab in den Lüften da liegt man nicht eng
Er ruft stecht tiefer ins Erdreich ihr einen ihr andern singet und spielt
er greift nach dem Eisen im Gurt er schwingts seine Augen sind blau
stecht tiefer die Spaten ihr einen ihr andern spielt weiter zum Tanz auf

Schwarze Milch der Frühe wir trinken dich nachts
wir trinken dich mittags und morgens wir trinken dich abends
wir trinken und trinken
ein Mann wohnt im Haus dein goldenes Haar Margarete
dein aschenes Haar Sulamith er spielt mit den Schlangen
Er ruft spielt süßer den Tod der Tod ist ein Meister aus Deutschland
er ruft streicht dunkler die Geigen dann steigt ihr als Rauch in die Luft
dann habt ihr ein Grab in den Wolken da liegt man nicht eng

Schwarze Milch der Frühe wir trinken dich nachts
wir trinken dich mittags der Tod ist ein Meister aus Deutschland
wir trinken dich abends und morgens wir trinken und trinken
der Tod ist ein Meister aus Deutschland sein Auge ist blau
er trifft dich mit bleierner Kugel er trifft dich genau
ein Mann wohnt im Haus dein goldenes Haar Margarete
er hetzt seine Rüden auf uns er schenkt uns ein Grab in der Luft
er spielt mit den Schlangen und träumet der Tod ist ein Meister aus Deutschland

dein goldenes Haar Margarete
dein aschenes Haar Sulamith

Fuge:
Die wesentlichen Bestandteile der Fuge sind Durchführungen und Zwischenspiele. Die Fuge beginnt einstimmig mit der Exposition des Themas (= Subjekt) in der Grundtonart. Anschließend bringt eine zweite Stimme das Thema in etwas abgewandelter Gestalt im Quintabstand, quasi als ‚Antwort', während die erste Stimme die Kontrapunktierung übernimmt (...). Der Begriff der Doppelfuge bezeichnet zwei verschiedene Fugentypen: der eine ist gekennzeichnet durch gleichzeitigen Vortrag zweier Themen von allem Anfang an – hier ist also das zweite Thema ein feststehender, obligater Kontrapunkt des ersten –, der andere ist im Grunde eine Kombination zweier Fugen. Beide Themen werden zunächst einzeln durchgeführt, um dann in der letzten Durchführung kontrapunktisch verschränkt zu werden.
(Rudolf Stephan, *Das Fischer Lexikon Musik.* Fischer, Frankfurt a. M. 1961, S. 55 f.)

Stichwortartige Ausarbeitung des Interpretationsaufsatzes

A. Einleitung

Der Dichter Paul Celan hat die Schrecken der nationalsozialistischen Gewaltherrschaft selbst erfahren; seine Eltern wurden in ein Vernichtungslager deportiert, er selbst nach Rumänien verschleppt. Die Erfahrungen des Dichters spiegeln sich in vielen seiner Gedichte wider, in denen er eine Art von Vergangenheitsbewältigung unternimmt. Auch in seiner *Todesfuge*, geschrieben 1945, also im Jahr des Endes der Hitler-Diktatur, spürt man seinen Versuch, das Erlebte zu bewältigen.

B. Hauptteil: Interpretation

I. Inhalt und Aussage

1. Inhalt

Das Gedicht beginnt mit der Feststellung, dass die Menschen, die mit *wir* (V. 1) nicht näher bezeichnet werden, zu jeder Tageszeit die *schwarze Milch der Frühe* (V. 1 u. ö.) trinken. Außerdem sind sie dabei, ein Grab zu schaufeln, in dem viele beerdigt werden können. Von einem Mann, der offensichtlich der Aufseher der mit *wir* bezeichneten Menschen ist, wird dann gesagt, dass er in einem Haus wohne, mit Schlangen spiele und abends einen Brief nach Deutschland schreibe, wo eine Frau namens Margarete wohnt. Im nächsten Vers tritt dieser Mann vor das Haus, das offensichtlich nahe bei oder in dem Lager steht, in dem die Gefangenen leben, und pfeift seine Hunde herbei. Er pfeift auch nach den jüdischen Gefangenen, lässt sie ein Grab ausheben und zum Tanz aufspielen. Während die einen tief ins Erdreich stechen sollen, sollen die anderen singen und spielen. Mit Drohungen treibt er die Gefangenen zu schnellerem Graben und weiterem Musizieren an. Dann ruft er ihnen zu, dass der Tod aus Deutschland komme und dass sie bald verbrannt würden. Am Ende des Gedichtes wird diese Ankündigung offensichtlich in die Tat umgesetzt, denn es heißt, dass der Mann seine Hunde auf die Gefangenen hetzt, die Menschen durch Schüsse tötet und dass die Getöteten ihr *Grab in der Luft* (V. 33) finden.

2. Aussage

Gewalttätige und ins Zynische gehende Willkür des Aufsehers im Gegensatz zur Wehrlosigkeit und Verzweiflung der Gefangenen als Anklage von Inhumanität und Brutalität.

II. Gedanklicher Aufbau

Vier Wörter der Anfangszeile werden wiederholt (vgl. V. 1, V. 10, V. 19, V. 27), dadurch Verdeutlichung des strukturellen Rahmens; Thema *Schwarze Milch der Frühe* in vier Motive aufgeteilt: Deutschland-Motiv (V. 6, V. 14, V. 28, V. 30, V. 34), das Grab-Motiv (V. 4, V. 8, V. 15, V. 26), das Haar-Motiv (V. 6, V. 14 f., V. 22 f., V. 32, V. 35 f.), Tanz-Motiv (V. 9, V. 18); Deutschland als Land, aus dem der Tod kommt (vgl. V .24, V. 28, V. 30, V. 34); blaue Augen des Todes (vgl. V. 30) und blaue Augen des Aufsehers (vgl. V. 17) als Hinweis auf Identität beider, im Zusammenhang mit dem goldenen Haar Margaretes auch Anspielung auf das nationalsozialistische Schönheitsideal; Grabmotiv als Hinweis auf Verbrennung (von Gefangenen möglicherweise als Befreiung von ihrer Qual empfunden, daher die Vorstellung von Weite in V. 4: *da liegt man nicht eng*), der Aufseher verlangt dagegen ein Grab in der Erde (vgl. V. 8); Widersprüchlichkeit im Tanzmotiv: Tanz als Ausdruck der Lebensfreude / Tanz in den Tod (vgl. V. 24); Verbindung von Musik und Tod schon im Titel *Todesfuge* erkennbar.

III. Formale und sprachliche Mittel

1. Fuge als Kompositionsprinzip

Kompositionsprinzip der Doppelfuge (Erklärung s. Info S. 80). Aufbau des Gedichtes:

Thema 1:	*Schwarze Milch der Frühe* (V. 1)
Kontrapunkt:	*wir trinken sie abends* (V. 1)
	wir trinken sie mittags und morgens wir trinken sie nachts (V. 2)
	wir trinken und trinken (V. 3)
Fortführung:	*wir schaufeln ein Grab in den Lüften da liegt man nicht eng* (V. 4)
Thema 2:	*Ein Mann wohnt im Haus* (V. 5)
Kontrapunkt:	*der spielt mit den Schlangen der schreibt* (V. 5)
	der schreibt wenn es dunkelt nach Deutschland dein goldenes Haar Margarete (V. 6)
	er schreibt es und tritt vor das Haus und es blitzen die Sterne (V. 7)
Fortführung:	*er pfeift seine Rüden herbei* (V. 7)
	er pfeift seine Juden hervor und lässt schaufeln ein Grab in der Erde (V. 8)
	er befiehlt uns spielt auf nun zum Tanz (V. 9)

Durchführung beider Themen, Annäherung der Gefangenen und des Aufsehers, in V. 35 f. direkte Konfrontation beider Gruppen bzw. beider Themen.

2. **Metrik**

Trochäen und Daktylen bestimmen das metrische Schema, z. B. V. 1–3:

– ◡ | – ◡ | – ◡ | | ◡ | – ◡ ◡ | – ◡
– | – ◡ ◡ | – ◡ ◡ | – ◡ | | ◡ | – ◡ ◡ | –
◡ | – ◡ ◡ | – ◡

Die Zäsur in den Versen 1 und 2 teilt diese in zwei deutliche Hälften, wobei sie z. B. in V. 1 und V. 2 mitten im Daktylus steht, sodass der natürliche Sprachrhythmus nicht dem metrischen Schema entspricht; Hinweis auf die Zerrissenheit und die Störung der Normalität, die sich im Inhalt zeigt.

3. **Wortwahl, Satzbau, sprachliche Mittel**

Es lassen sich die folgenden poetischen Gestaltungsmittel feststellen:

- überwiegender Gebrauch von Substantiven bewirkt Eindruck von Kälte;
- Wiederholungen: z. B. *wir*, *schwarze Milch der Frühe*, Steigerung der Einprägsamkeit;
- Satzreihen: Steigerung der Einprägsamkeit durch Aneinanderreihung kurzer Hauptsätze;
- Oxymoron: *schwarze Milch der Frühe* (V. 1 u. ö.), Konzentration des dem Gedicht innewohnenden Widerspruchs in einem Symbol; schwarz als Farbe des Todes mit deutlichem Hinweis auf den Titel, Milch als lebenspendendes Getränk (z. B. als Muttermilch);
- Paradoxon als typisches Stilmittel: auf der einen Seite stehen die dem Leben zugeordneten Metaphern (die aber den Tod bringen!): *goldenes Haar* (z. B. V. 6), *blau* (z. B. V. 17), *Milch* (z. B. V. 1), *Margarete* (z. B. V. 6), *Grab in den Lüften* (z. B. V. 4) als Freiheitsgedanke; auf der anderen Seite die dem Tod zugeordneten Metaphern: *Grab in der Erde* (V. 8), *schwarze* (z. B. V. 1), *aschenes Haar* (z. B. V. 36). Gegensätzlichkeit zwischen dem herrschenden System und den gequälten Opfern wird in den Schlussversen V. 35 f. auf die Namen *Margarete* und *Sulamith* konzentriert;
- Anapher: z. B. V. 2–4, gefühlsverstärkende Wiederholungen am Versanfang;
- Epipher: V. 15 und V. 26, gefühlsverstärkende Wiederholungen am Versende;
- Anadiplose: z. B. V. 5 f., gefühlsverstärkende Wirkung durch Wiederholung des Versendes am Anfang des nächsten Verses;
- fehlende Satzzeichen vielleicht als Ausdruck der Hilflosigkeit der Gefangenen zu deuten; evtl. auch als Hinweis, dass angesichts der Grausamkeit des Beschriebenen keine Zeit für Satzzeichen bleibt.

C. Schluss

Betroffenheit des Lesers als mögliche Wirkung des Gedichtes; Appell, sich mit der Vergangenheit auseinander zu setzen, heute nach wie vor aktuell; die Auseinandersetzungen im Zusammenhang mit der Rede Martin Walsers zur Verleihung des Friedenspreises im Jahre 1998 haben gezeigt, dass Betroffenheit und kritische Diskussion den Umgang mit der deutschen Vergangenheit bestimmen.

2.23 Günter Eich
Inventur

Info

> Günter Eich, geboren 1907 in Lebus/Oder, gestorben 1972 in Salzburg/Österreich, gehört zu den bedeutenden deutschen Lyrikern der Zeit nach dem 2. Weltkrieg. Er studiert Jura und Sinologie in Leipzig, Berlin und Paris, ab 1932 arbeitet er als freier Schriftsteller und nimmt als Soldat im 2. Weltkrieg teil. Eich wird für sein Werk mit zahlreichen Preisen ausgezeichnet, u. a. mit dem Preis der Gruppe 47 (1950) und dem Georg-Büchner-Preis (1959). Seine wichtigsten Veröffentlichungen sind: *Abgelegene Gehöfte* (1948), *Botschaften des Regens* (1955), *Stimmen* (1958), *Zu den Akten* (1964).

Lesetext

Günter Eich (1907–1972)
***Inventur* (1948)**

Dies ist meine Mütze,
dies ist mein Mantel,
hier mein Rasierzeug
im Beutel aus Leinen.

Konservenbüchse:
Mein Teller, mein Becher,
ich hab in das Weißblech
den Namen geritzt.

Geritzt hier mit diesem
kostbaren Nagel,
den vor begehrlichen
Augen ich berge.

Im Brotbeutel sind
ein Paar wollene Socken
und einiges, was ich
niemand verrate,

so dient es als Kissen
nachts meinem Kopf.
Die Pappe hier liegt
zwischen mir und der Erde.

Die Bleistiftmine
Lieb ich am meisten:
Tags schreibt sie mir Verse,
die nachts ich erdacht.

Dies ist mein Notizbuch,
dies meine Zeltbahn,
dies ist mein Handtuch,
dies ist mein Zwirn.

Stichwortartige Ausarbeitung des Interpretationsaufsatzes

A. Einleitung

In amerikanischer Gefangenschaft schrieb Günter Eich einige für die so genannte Kahlschlagliteratur der deutschen Nachkriegszeit beispielhafte Gedichte, darunter *Latrine* und *Inventur*. Sie wurden zuerst in der Sammlung *Abgelegene Gehöfte* (1948) publiziert, die mit verschiedenen Stilmustern – vor allem solchen der Romantik und des Jungen Deutschland – experimentiert. Mit dem – zuweilen aber nur scheinbar – deskritiven Duktus des vorliegenden Gedichtes *Inventur* reagiert der Dichter auf den Missbrauch der Sprache im Propagandaapparat der Nationalsozialisten.

B. Hauptteil: Interpretation

I. Inhalt und Aussage

1. Inhalt

Das Gedicht besteht aus sieben vierzeiligen Strophen, in denen das lyrische Ich – so wie es der Titel bereits verheißt – eine Bestandsaufnahme seiner Habseligkeiten unternimmt. In der ersten Strophe werden die Mütze, der Mantel, das Rasierzeug und ein Leinenbeutel erwähnt. In der zweiten Strophe wird deutlich, dass eine Konservenbüchse, die den Namen des lyrischen Ichs eingeritzt trägt, sowohl als Teller als auch als

Becher dient. Der Nagel, mit dem der Name eingraviert wurde, hat – so wird es in der dritten Strophe betont – einen hohen Wert. In der vierten Strophe wird der Blick auf einen Wollbeutel gelenkt, in dem sich Socken und andere Habseligkeiten befinden, die das lyrische Ich aber nicht nennen will. In der fünften Strophe wird die materielle Bedürftigkeit des lyrischen Ichs klar, wenn es gesteht, dass ihm der Brotbeutel nachts als Kissen und ein Stück Pappe als Bettunterlage dienen. Die vorletzte Strophe ist dem Bleistift gewidmet, dem das lyrische Ich besondere Zuneigung entgegenbringt, weil er ihm beim Niederschreiben der lyrischen Texte hilft. Das Gedicht endet mit einer Aufzählung der verbliebenen Dinge: Notizbuch, Zeltbahn, Handtuch und Faden.

2. **Aussage:**
   Das lyrische Ich unternimmt eine Bestandsaufnahme dessen, was es besitzt. Das Gedicht wirkt wie eine Selbstvergewisserung, wie ein Neuanfang mit einer Sprache, die man auf ihre nicht manipulierten Bedeutungsinhalte abklopft.

II. Formale und sprachliche Mittel

Die sprachliche Gestaltung ist auf wenige poetische Gestaltungsmittel reduziert: Verzicht auf durchgängiges Versmaß (gleichmäßiger Rhythmus durch 6- bzw. 5-silbige Verse, V. 28 nur 4 Silben), optisch gegliederte Prosa. Das Gedicht ist durch die Aufzählung der einzelnen Gegenstände strukturiert. Anapher, Alliteration und parallele syntaktische Struktur kennzeichnen die ersten beiden Verse, die als Auftakt wirken. Mittels der Assonanz „ie" ist auch der dritte Vers noch hinzuzunehmen; das viersilbige *dies ist mein Zwirn* (V. 28) in Verbindung mit der Wiederaufnahme der in V. 1 f. verwendeten Gestaltungsmittel der Anapher, der Alliteration und des Parallelismus wirkt wie ein Abschluss und ein Höhepunkt der Liste. Die Nutzung der Konservenbüchse als Teller und Becher wird mittels elliptischer Syntax gestaltet, so als ob es sich der Leser selbst vorzustellen hat, zu welchem Zweck man den Gegenstand verwenden kann. Die Dynamik des Ritzens in V. 7 f. wird mit einem Zeilensprung untermalt. Dass das lyrische Ich schöpferische Potenz besitzt, wird durch die Kennzeichnung der Konservendose mit dem eigenen Namen deutlich. In V. 23 f. wird das Motiv des produktiven lyrischen Ichs weitergeführt, wenn klar wird, dass es den Bleistift zum Notieren von Gedichtversen nutzt.

In V. 13–16 beschreibt der Sprecher den Inhalt eines Brotbeutels; wichtig ist es ihm, dass er auch Dinge enthält, die nicht verraten werden. Die Möglichkeit, etwas verstecken zu können, scheint ihm so wichtig zu sein, dass er es herausgehobener Stelle in der Gedichtmitte ausführt. Möglicherweise lässt sich an dieser Stelle das deutlichste Zeichen einer Antwort gegen eine alles vereinnahmende Diktatur vernehmen, die dem Individuum keinen vor staatlicher Überwachen geschützten Privatraum mehr erlaubt; auch an eine Situation in der Gefangenschaft lässt sich denken, in der das lyrische Ich Räume sucht, in denen Privates öffentlichen Blicken ganz entzogen ist.

III. Zusammenfassung und C. Schluss

Die einfache sprachlich-formale Gestaltung des Gedichtes lässt sich als Hinweis auf eine sprachliche Neuorientierung nach dem Ende der nationalsozialistischen Diktatur sehen; das lyrische Ich macht Inventur, es überprüft, was an verlässlichen Dingen geblieben ist. Das Gedicht wird zu einem Programm der so genannten Kahlschlagsliteratur; die Wörter dienen als Hilfestellung, mit der man sich in der Realität zurechtfinden kann. In diesem Sinne äußerte sich Eich auch einige Jahre nach dem Erscheinen von *Inventur*: „Ich schreibe Gedichte, um mich in der Wirklichkeit zu orientieren. Ich betrachte sie als trigonomische Punkte oder als Bojen, die in einer unbekannten Fläche den Kurs markieren. Erst durch das Schreiben erlangen die Dinge Wirklichkeit. Sie ist nicht meine Voraussetzung, sondern mein Ziel. Ich muss sie erst herstellen" (*Einige Bemerkungen zum Thema Literatur und Wirklichkeit,* 1956, zitiert nach www.cpw-online.de/lemmata/eich_guenter).

2.24 Ingeborg Bachmann
Die gestundene Zeit

Info

Im Jahre 1926 in Klagenfurt geboren, studiert Ingeborg Bachmann Jura und Philosophie in Graz, Innsbruck und Wien. Nach einer kurzen Tätigkeit als Redakteurin lebt sie dann als freie Schriftstellerin in Wien, Rom, München und Zürich. Sie stirbt 1973 in Rom. Die Gefühle von Angst und Einsamkeit sind motivische Konstanten ihrer Dichtung. Ihre bekanntesten Werke sind das Hörspiel *Der gute Gott von Manhattan* (1958) und die Erzählbände *Das dreißigste Jahr* (1961) und *Malina* (1971).

Lesetext

Ingeborg Bachmann (1926–1973)
***Die gestundete Zeit* (1953)**

Es kommen härtere Tage.
Die auf Widerruf gestundete Zeit
wird sichtbar am Horizont.
Bald musst du den Schuh schnüren
und die Hunde zurückjagen in die Marschhöfe.

Denn die Eingeweide der Fische
sind kalt geworden im Wind.
Ärmlich brennt das Licht der Lupinen.
Dein Blick spurt im Nebel:
Die auf Widerruf gestundete Zeit
wird sichtbar am Horizont.

Drüben versinkt dir die Geliebte im Sand,
er steigt um ihr wehendes Haar,
er fällt ihr ins Wort,
er befiehlt ihr zu schweigen,
er findet sie sterblich
und willig dem Abschied
nach jeder Umarmung.

Sieh dich nicht um.
Schnür deinen Schuh.
Jag die Hunde zurück.
Wirf die Fische ins Meer.
Lösch die Lupinen!

Es kommen härtere Tage.

Stichwortartige Ausarbeitung des Interpretationsaufsatzes

A. Einleitung

Die Themen der Lyrik Ingeborg Bachmanns sind die Verzweiflung und die Angst des Individuums und seine Entgrenzungsversuche. Auch in dem vorliegenden Gedicht *Die gestundete Zeit* begegnen wir diesen Motiven.

B. Hauptteil: Interpretation

I. Gedanklicher Aufbau

Gedicht besteht aus vier Strophen, wobei die letzte Strophe nur einen einzigen Vers umfasst.

1. Strophe: Ankündigung von Veränderungen durch die ins Bewusstsein gerückte Zeit; Zeichen der Veränderung sind die kalt gewordenen Fischeingeweide und verwelkende Lupinen. Aufbruchsankündigung: Schuhe schnüren, Hunde zurückjagen; der Angesprochene suche mit den Augen bereits seinen neuen Weg.

2. Strophe: Geliebte versinkt im Sand; mehrmalige Abschiedsumarmungen.

3. Strophe: Aufforderung sich nicht umzusehen, Schuhe zu binden, die Hunde zurückzujagen, die Fische ins Meer zu werfen und das Licht der Lupinen zu löschen.

4. Strophe: Ankündigung, dass härtere Zeiten kommen werden.

Aussage: Identifizierungsversuch des Lesers mit dem lyrischen Ich (Anrede *du*), Aufbruch in eine neue Lebensphase mit Abschied vom Gewohnten und neuartigen Anforderungen an das Individuum; eventuell auch Abschied von einer Liebesbeziehung, da ausdrücklich *Geliebte* (V. 12) erwähnt wird; während des Liebesverhältnisses scheint das Zeitgefühl verloren gegangen, die Zeit selbst scheint stehen geblieben zu sein, nun macht sich die Zeit wieder bemerkbar. Aufforderung, sich auf das Leben ohne den Partner einzustellen.

II. Sprachliche Mittel

Es lassen sich die folgenden sprachlichen Gestaltungsmittel feststellen:

- Metrum: freie Rhythmen, optisch gegliederte Prosa;
- Sprache: einfache Alltagssprache, *Marschhöfe* (V. 5), *Fische* (V. 6), *Sand* (V. 12) deuten auf Strandsituation hin;
- Wiederholung: V. 1/V. 24 und V. 2 f./V. 10 f., besondere Betonung der Ankündigung und der Begründung des Aufbruchs durch das Hereinbrechen der scheinbar angehaltenen Zeit;
- aussagestarke Verben: z. B. *versinkt* (V. 12), *steigt* (V. 13), *sterblich* (V. 16), Veranschaulichung der Lage der Geliebten;
- Imperative in der dritten Strophe als deutliche Aufforderung;
- Metaphern: *Schuh schnüren* (V. 4) als Aufbruch, kalt gewordene Eingeweide (vgl. V. 6 f.) und schwaches *Licht der Lupinen* (V. 8) als Lebensverlust, der spurende Blick (vgl. V. 9) als Neuorientierung, *Sand* (V. 12) evtl. als Symbol für vergehende Zeit zu verstehen, Bild der versinkenden Geliebten (vgl. V. 12 f.) als vergangene Zeit;
- Anspielung: V. 19, biblischer Bezug (Lots Frau erstarrt beim Sich-Umsehen zur Salzsäule) als Warnung vor einer Orientierung an der Vergangenheit.

C. Schluss

Lyrisches Ich muss sich neuen Weg ohne fremde Hilfe suchen; dies könnte als Metapher für den Menschen des 20. Jahrhunderts stehen, der sich nach den Vorstellungen der Existenzphilosophie (Heidegger und Sartre) ständig aufs Neue aktiv entscheiden muss und der bei seinen Entscheidungen keiner Religion vertrauen darf. Bachmann, die ihre Dissertation bei Heidegger geschrieben hat, scheint diese existenzialistische Vorstellung in ihrem Gedicht in einem modernen Menschenbild zu gestalten.

2.25 Eugen Gomringer
Schweigen

Info

Eugen Gomringer wird 1925 in Cachuela Esperanza (Bolivien) als Sohn einer Bolivianerin und eines Schweizers geboren. In den 50er Jahren ist er Mitarbeiter von Max Bill, von 1961 bis 1967 fungiert er als Leiter des Schweizer Werkbundes. Seit 1971 ist er Mitglied der Akademie der Künste in Berlin, als Professor für Ästhetik wirkt er an der staatlichen Kunstakademie in Düsseldorf. Gomringer hat sich seit den 50er Jahren durch Veröffentlichungen zur konkreten Poesie einen Namen gemacht.

Lesetext

Eugen Gomringer (geb.1925)
***Schweigen* (1957)**

schweigen schweigen schweigen
schweigen schweigen schweigen
schweigen   schweigen
schweigen schweigen schweigen
schweigen schweigen schweigen

Stichwortartige Ausarbeitung des Interpretationsaufsatzes

A. Einleitung

Der 1925 in Bolivien geborene Dichter Eugen Gomringer zählt mit seinem Werk zu den Vertretern der so genannten konkreten Poesie, zu denen z. B. auch Ernst Jandl, H. C. Artmann, Oswald Wiener, Gerhard Rühm, Franz Mon und Helmut Heißenbüttel zu rechnen sind. Mit dem von Gomringer selbst popularisierten Begriff „konkrete Poesie" werden solche Texte der modernen Lyrik bezeichnet, die mit dem sprachlichen Material selbst spielen. Die Sprache dient dabei nicht mehr in erster Linie der Beschreibung eines Ereignisses, eines Gedankens oder eines Gefühls, sondern sie wird selbst zum Zweck des Gedichts, Wörter werden als visuelle oder phonetische Gestaltungselemente verwendet. Die poetische Leistung des Dichters liegt darin, neuartige Zusammensetzungen von Wörtern zu erfinden. Ein Beispiel für diese poetische Verfahrensweise ist der vorliegende Text *Schweigen*.

B. Hauptteil: Interpretation

Eugen Gomringers Text *Schweigen* unterscheidet sich offensichtlich von traditionellen lyrischen Texten, indem er auf eine mit poetischer Wortkraft gezeich-

nete Problem- oder Handlungsdarstellung völlig verzichtet. Das Gedicht Gomringers will „nur" mitteilen, „nur" gelesen werden: Es besteht aus fünf Zeilen, die jeweils dreimal das Wort *Schweigen* enthalten, in der 3 Strophe, in der Mitte des Gedichtes also, fehlt das zweite „Schweigen". Damit bildet das Gedicht in seiner Struktur das Thema nach, es stellt das Thema vielmehr visuell dar und lässt sich somit der konkreten Poesie zuordnen.
Das Schweigen lässt sich nicht lautlich realisieren, auch wenn man den Begriff wählt, so schweigt man nicht; lautlich lässt es nur als Lücke zwischen Phasen des Nicht-Schweigens vergegenwärtigen (vgl. Z. 3). Genauso stellt es das Gedicht dar. Darüber hinaus macht das Gedicht anschaulich, wie die Lesbarkeit von Buchstaben funktioniert: So wie die Wörter um die Lücke angeordnet sind und das Schweigen bestimmen, so sind die Buchstaben durch die sie umgebende weiße Fläche definiert, die sie gleichzeitig auch selbst definieren. Das Medium „Gedicht" wird hier somit selbst zur Botschaft: Gomringers Text vermittelt die Information, was Information im eigentlichen und auf den einzelnen Buchstaben reduzierten Sinne ist, nämlich das Definiert-Werden durch die unbedruckte Umgebung. Deutet man die Lücke in V. 3 auf diese Weise, so würde sie nicht das Schweigen symbolisieren, sondern das pure Gegenteil zum bedruckten Blatt, zum Text. Das Gedicht demonstriert dem Leser, wie Lesen funktioniert: als Rezeption von Zeichen, die im fortlaufenden Leseprozess durch die sie umgebenden Nicht-Zeichen definiert werden.

C. Schluss

Gomringers konkrete Poesie wird im Allgemeinen als eine Mahnung aufgefasst, in der Konzentration auf das Wesentliche, im Schweigen den Ausdruck eines neuen Selbstverständnisses zu sehen. Der Text *Schweigen* lässt eine solche Interpretation zu, er schließt aber andere Deutungen nicht aus, weil er am Ende nichts als ein Text ist, der auf sich selbst verweist.

2.26 Hans Magnus Enzensberger

Bildzeitung

Enzensberger wird 1929 in Kaufbeuren/Allgäu geboren. Er studiert Germanistik, Literaturwissenschaft, Philosophie und Sprachen und arbeitet als Redakteur. Bekannt wird Enzensberger vor allem durch seine zeitkritische Lyrik. Werke: *Der Untergang der Titanic* (1978), *Zukunftsmusik* (1991). Von 1965 bis 1975 gibt er das Kursbuch heraus.

Info

Lesetext

Hans Magnus Enzensberger (geb. 1929)
***Bildzeitung* (1957)**

Du wirst reich sein
Markenstecher Uhrenkleber:
wenn der Mittelstürmer will
wird um eine Mark geköpft
ein ganzes Heer beschmutzter Prinzen
Turandots Mitgift unfehlbarer Tip
Tischlein deck dich:
du wirst reich sein.

Manitypistin Stenoküre
du wirst schön sein:
wenn der Produzent will
wird dich Druckerschwärze salben
zwischen Schenkeln grober Raster
mißgewählter Wechselbalg
Eselin streck dich:
du wirst schön sein.

Sozialvieh Stimmenpartner
du wirst stark sein:
wenn der Präsident will
Boxhandschuh am Innenlenker
Blitzlicht auf das Henkerlächeln
gib doch Zunder gib doch Gas
Knüppel aus dem Sack:
du wirst stark sein.

Auch du auch du auch du
wirst langsam eingehn
an Lohnstreifen und Lügen
reich, stark erniedrigt
durch Musterungen und Malzkaffee,
schön besudelt mit Strafzetteln,
Schweiß,
atomarem Dreck:
deine Lungen ein gelbes Riff
aus Nikotin und Verleumdung
Möge die Erde dir leicht sein

wie das Leichentuch
aus Rotation und Betrug
das du dir täglich kaufst
in das du dich täglich wickelst.

Stichwortartige Ausarbeitung des Interpretationsaufsatzes

A. Einleitung

Der 1929 geborene Dichter Hans Magnus Enzensberger gehört mit Heinrich Böll, Günter Grass und Wolf Biermann zu den Autoren, die die gesellschaftliche Wirklichkeit in der Bundesrepublik Deutschland mit ihrem Werk kritisch begleiten. Auch in dem vorliegenden Gedicht *Bildzeitung* geht es um die Aufdeckung gesellschaftlicher Missstände; Enzensberger benutzt die Boulevardzeitung *Bild*, um den Einfluss von Massenmedien auf das Leben des Einzelnen darzustellen.

B. Hauptteil: Interpretation

I. Inhalt und Aussage

1. Inhalt

In vier Strophen, wobei die ersten drei Strophen thematisch eine Einheit bilden, wird das Thema des Gedichtes entfaltet:

1. Strophe: Dem Leser, der mit *du* und der neologistischen Umstellung *Markenstecher Uhrenkleber* (V. 2) angesprochen wird, wird Reichtum versprochen, wenn er den richtigen Tipp in der wöchentlichen Toto-Auslosung abgibt. Wie dem Jüngling im Märchen, der mit dem *Tischlein deck dich* Reichtum erwirbt, so könnte es auch dem Leser bei einem richtigen Tipp gehen. Stimmt der Tipp nicht, so verliert er seinen Einsatz. Assoziativ wird der Vergleich mit dem chinesischen Märchen von der Prinzessin Turandot hergestellt, die jeden Prinzen, der sich um ihre Hand bewirbt, köpfen lässt, wenn er ihre Frage nicht beantworten kann.

2. Strophe: Stellvertretend für den Leser wird die Stenotypistin angesprochen, der Schönheit versprochen wird, wenn es auch im Sinne des Produzenten ist. Der schöne Körper wird durch die Publikation, aber auch in so genannten Misswahlen vermarktet, wobei sexuelle Aspekte eine Rolle spielen. Mit der Bezeichnung *Eselin* (V. 15) wird die Frau, die an solchen Wettbewerben teilnimmt, negativ bewertet, weil sie dem Versprechen, sie werde schön sein, glaubt.

3. Strophe: Hier wird der Leser als Sozialpartner und Stimmvieh angesprochen, was die politische Dimension der Strophe verdeutlicht. Der Präsident entscheidet über die Macht des Lesers. Insignien der Macht sind der Boxhandschuh, das schnelle Auto und die Bekanntheit in den Medien *(Blitzlicht auf das Henkerlächeln,* V. 21). Mit dem Ausdruck *Henkerlächeln* (V. 21) wird auf den Zynismus der Herrschenden verwiesen.

4. **Strophe**: Die letzte Strophe setzt den Versprechungen, die bereits in den ersten drei Strophen assoziativ relativiert worden sind, den direkten Widerspruch entgegen: Der Leser werde langsam zugrunde gehen, er werde bis dahin nur viele Lohnstreifen und falsche Versprechungen bekommen haben, die staatliche Macht werde ihn erniedrigt haben, Arbeit, Zigaretten und Verleumdungen werden seine Gesundheit angegriffen haben. In den letzten vier Versen wird klar gemacht, dass der Kauf und die Lektüre der *Bildzeitung* den intellektuellen Tod des Lesers zur Folge haben.

2. Aussage

Die *Bildzeitung* steht als Beispiel für Massenmedien, die dem Leser eine falsche Wirklichkeit vormachen. Die Menschen, die sich täglich diese Zeitung kaufen, glauben den darin gemachten Versprechungen; insofern sind sie selbst schuld daran, dass sie manipuliert werden und der Willkür der Herrschenden ausgesetzt sind. In einem konkreten Sinn weist das Gedicht auch auf die besondere Rolle hin, die die Springer-Presse mit ihrem Produkt in der Zeit des Kalten Kriegs gehabt hat.

II. Sprachliche Mittel

Es lassen sich die folgenden poetischen Gestaltungsmittel feststellen:

- 4 Strophen zu 8, 8, 8 und 15 Versen; Trochäus fast durchgehend als Versmaß in den ersten drei Strophen, in der vierten Strophe Wechsel von Jambus, Daktylus, Trochäus und Anapäst: Zusammengehörigkeit der drei Achtzeiler, die allesamt Versprechungen enthalten; in der letzten Strophe wird dagegen die realistische Zukunftsperspektive offenbart;
- paralleler Aufbau der ersten drei Strophen, Wiederholungen (V. 1 in V. 8, V. 10 in V. 16, V. 18 in V. 24); dadurch Erhöhung der Merkbarkeit, Anklänge an Werbung, Wiederholung als Mittel der Beeinflussung;
- Montage: Zitate aus Grimms Märchen: *Tischlein deck dich* (V. 7), *Eselin streck dich* (V. 15), *Knüppel aus dem Sack* (V. 23) in Verbindung mit den Versprechungen: *du wirst reich sein* (V. 8), *du wirst schön sein* (V. 16), *du wirst stark sein* (V. 23). Diese Versprechungen erweisen sich als märchenhaft und irreal. Weiteres Beispiel für Montage: *Markenstecher Uhrenkleber* (V. 2, aus: Markenkleber, Stechuhr), *Manitypistin Stenoküre* (V. 9, aus: Stenotypistin, Maniküre), *Sozialvieh Stimmenpartner* (V. 17, aus: Sozialpartner, Stimm(en)vieh), ungewohnte neue Zusammensetzungen aus Bestandteilen täglich gelesener Wörter beanspruchen Aufmerksamkeit und regen den Leser zum Nachdenken an.

- Alliteration: z. B. *Sozialvieh* und *Stimmenpartner* (V. 17), *Boxhandschuh* (V. 20) und *Blitzlicht* (V. 21) *Lohnstreifen* und *Lügen* (V. 27), eingängige Begriffe, Anklänge an die Werbesprache;
- Emphase: *Auch du auch du auch du* (V. 25), Verstärkung der Anrede;
- Metapher: *(...) ein gelbes Riff / aus Nikotin und Verleumdung* (V. 33 f.), eindrückliches Bild der körperlichen und geistigen Vergiftung;
- Metapher/Oxymoron: *wird dich Druckerschwärze salben* (V. 12), Salbung als religiöses Zeichen, das dem Gesalbten besondere Kraft und göttliche Gnade zuteil werden lässt; Salböl ist geweihtes Öl, Druckerschwärze dagegen als negativ besetzter Begriff, der mit herkömmlichem Salböl nichts zu tun hat; Verweis auf die Bedeutung der Zeitung, die Einfluss auf die gesellschaftliche Anerkennung eines Menschen hat, von ihr ist es abhängig, ob dem Menschen „gesellschaftliche Gnade" zuteil wird;
- Vergleiche: *deine Lungen ein gelbes Riff* (V. 33), *wie das Leichentuch* (V. 36), besonders eindringliche Darstellungen der Wirkung der Propaganda;
- Ellipse: vgl. V. 6, V. 13, V. 33 f., Verknappung des Satzes, dadurch Konzentration auf den Inhalt; Erhöhung der Eindringlichkeit der Aussage;
- Asyndeton: vgl. V. 5–8, V. 14–16, V. 20–24, schnelle Aneinanderreihung als Anklang an die Werbesprache, Sinngebung durch Assoziation;
- Apokoinu: vgl. V. 2–4, V. 10–12; V. 3 und V. 11 gehören jeweils zu V. 2 und 4 bzw. V. 10 und 13, dadurch Veränderung des Sinns, z. B. V. 10–12: Wenn der Produzent es will, wird die Leserin schön sein; wenn er es will, wird sie *Druckerschärze salben* (V. 12), d. h., ihr Körper wird in der Bildzeitung veröffentlicht;
- Übereinstimmung von Satz- und Strophenende als formales Zeichen für das Ende eines Gesichtspunkts.

C. Schluss

Das Ende des Gedichtes stimmt wenig optimistisch; es kann allerdings als Warnung einen Gedankenanstoß bewirken. Ob damit die Menschen, die tatsächlich Konsumenten der *Bildzeitung* sind, angesprochen werden, bleibt zu bezweifeln. Im Jahre 1974 setzt sich Heinrich Böll mit dem Phänomen der Massenmedien in seiner Erzählung *Die verlorene Ehre der Katharina Blum* auseinander. Böll zeigt, welchen vernichtenden Einfluss Boulevardblätter auf das Leben von Menschen haben können. Dieses Problem ist in einer Zeit, in der über das Internet potenziell alle Computernutzer auf der ganzen Welt angesprochen und entsprechend beeinflusst werden können, nach wie vor aktuell. Insofern muss Enzensbergers Warnung ernst genommen werden.

2.27 Günter Grass
Kinderlied

Info

Günter Grass wird am 16. 10. 1927 in Danzig geboren. Nach der Teilnahme am Zweiten Weltkrieg, nach Verwundung und Kriegsgefangenschaft lässt er sich zum Steinmetz ausbilden und studiert später Bildhauerei und Grafik. Mitglied der Gruppe 47. Seit 1961 engagiert er sich politisch für die SPD, er lebt seit 1987 in Behlendorf bei Mölln. Grass publiziert seit 1955 in allen literarischen Gattungen. Seine bekanntesten Werke sind *Die Blechtrommel* (1959), *Katz und Maus* (1961), *Hundejahre* (1963), *Der Butt* (1977), *Die Rättin* (1986), *Im Krebsgang* (2002). Daneben hat er zahlreiche Hörspiele und Gedichte verfasst. 1999 erhält er den Nobelpreis für Literatur.

Lesetext

Günter Grass (geb. 1927)
***Kinderlied* (1971)**

Wer lacht hier, hat gelacht?
Hier hat sich 's ausgelacht.
Wer hier lacht, macht Verdacht,
daß er aus Gründen lacht.

Wer weint hier, hat geweint?
Hier wird nicht mehr geweint.
Wer hier weint, der auch meint,
daß er aus Gründen weint.

Wer spricht hier, spricht und schweigt?
Wer schweigt, wird angezeigt.
Wer hier spricht, hat verschwiegen,
wo seine Gründe liegen.

Wer spielt hier, spielt im Sand?
Wer spielt, muß an die Wand,
hat sich beim Spiel die Hand
gründlich verspielt, verbrannt.

Wer stirbt hier, ist gestorben?
Wer stirbt, ist abgeworben.
Wer hier stirbt, unverdorben
ist ohne Grund verstorben.

Stichwortartige Ausarbeitung des Interpretationsaufsatzes

A. Einleitung

Grass beschäftigt sich in seinem Werk, z. B. in der *Blechtrommel*, mit der – auch politischen – Wirklichkeit aus der Perspektive eines Kindes; in seinem Gedicht *Kinderlied* wählt er dieselbe Perspektive, um sich mit dem menschlichen Dasein auseinander zu setzen.

B. Hauptteil: Interpretation

I. Inhalt, Aufbau und Aussage

1. Inhalt

In den ersten beiden Strophen werden Lachen und Weinen untersagt, da derjenige, der lacht oder weint, Gründe für diese Verhaltensweisen habe. Auch das Sprechen und das Schweigen werden sanktioniert, da sich dahinter gleichfalls Gründe vermuten lassen. Das Spielen wird mit der Todesstrafe geahndet. In der letzten Strophe wird von demjenigen, der *unverdorben* stirbt, gesagt, er sei grundlos gestorben.

2. Aufbau

Fünf Strophen zu jeweils vier Versen, wobei jede Strophe thematisch abgeschlossen ist; Lachen, Weinen und Spielen als emotionale Äußerungen, Sprechen als rationale Äußerungen; vier Handlungsweisen, die Kindern zueigen sind (Titel!); Kontrast dazu in der vorletzten Strophe: *Wer spielt, muß an die Wand* (V. 14) und in der letzten Strophe: Tod.

3. Aussage

Pervertierung natürlicher Handlungsweisen durch Misstrauen; Schlüsselverse in V. 19 f.: *Wer hier stirbt, unverdorben / ist ohne Grund verstorben.* Gedicht will Absurdität der Situation sichtbar machen; Verlust kindlichen Urvertrauens angesichts einer Erwachsenenwelt, die natürliche Handlungsweisen in ihr Gegenteil verkehrt oder mit einem Verdikt belegt.

II. Sprachliche und formale Mittel

Es lassen sich die folgenden sprachlichen Mittel feststellen:

- Endreim, nur in der dritten Strophe Paarreim, dreihebiger Jambus, Wortwiederholungen, formelhafte Sätze: einprägsame, formelhafte Sprache als Ausdruck der Autorität;
- Kinderlied: Einfachheit des Ausdrucks, Hinweis auf kindliches Urvertrauen als Kontrast zu der Aussage des Gedichtes; Kinderreim und seine formelhafte Kürze als Stilmittel, um komplizierte und problematische Zusammenhänge zu veranschaulichen; dadurch Zuspitzung/Verschärfung der Aussage über die Absurdität menschlichen Daseins;

- Anapher: z. B. V. 1, V. 3, V. 5 u. ö., Betonung durch Wiederholung von *wer,* jeder Mensch wird angesprochen;
- Epipher: z. B. V. 1 f., Betonung durch Wiederholung der Handlungsweise, dadurch besondere Einprägsamkeit, auch Mittel des einfachen Kinderreimes;
- Parallelismen und Wortwiederholungen: z. B. *geweint* (V. 5 f.), Betonung durch Wiederholung der Handlungsweise, dadurch besondere Einprägsamkeit, auch Mittel des einfachen Kinderreimes;
- Klimax (vom Lachen über Weinen, Sprechen, Spielen zum Sterben): Darstellung der Absurdität an verschiedenartigen Handlungen – Sterben als folgenreichste „Aktion".

C. Schluss

Pessimismus ist die Grundstimmung des Gedichts, es ist kein aufbauendes, ermunterndes Gedicht. Der Realitätsbezug kommt aufgrund der Radikalität und der Zuspitzung des Kontrastes nicht deutlich heraus. Die Intention des Gedichtes ist vielleicht so zu deuten, dass es Mut für ein vertrauensvolles Miteinander machen will: In einer Welt, die Kinder bzw. natürliche Handlungsweisen nicht duldet, kann man nicht gut oder überhaupt nicht (vgl. letzte Strophe) leben.

Quellennachweise

Bachmann, Ingeborg, *Die gestundete Zeit.* In: dies.: *Sämtliche Gedichte.* München: Piper, 1998.

Benn, Gottfried, *Kleine Aster.* In: *Sämtliche Werke.* Stuttgarter Ausgabe. In Verb. m. Ilse Benn hrsg. v. Gerhard Schuster (Bände I-V) und Holger Hof (Bände VI + VII) Band I: *Gedichte I.* Stuttgart: Klett-Cotta, 1986.

Brecht, Bertolt, *An die Nachgeborenen.* In: ders.: *Werke.* Hrsg. von J. Knopf u. a. Bd. 12. Berlin/Weimar: Aufbau, und Frankfurt/Main: Suhrkamp, 1988.

Brentano, Clemens, *Der Spinnerin Nachtlied.* In: *Gedichte der Romantik.* Hrsg. von W. Frühwald. Stuttgart: Reclam, 1984.

Celan, Paul, *Todesfuge.* In: ders.: *Mohn und Gedächtnis.* Stuttgart: Deutsche Verlagsanstalt, [13]1994.

Claudius, Matthias, *Abendlied.* In: ders.: *Sämtliche Werke.* Hrsg. von J. Perfahl. München: Winkler, 1976.

Eich, Günter, *Inventur.* In: *Deutsche Gedichte.* Hrsg. von Dietrich Bode. Stuttgart: Reclam, 1984.

Eichendorff, Joseph von, *Mondnacht.* In: ders.: *Gedichte.* Hrsg. von K. Nußbächer. Stuttgart: Reclam, 1957.

Enzensberger, Hans Magnus, *Bildzeitung.* In: ders.: *Gedichte 1950–1995.* Frankfurt/Main: Suhrkamp, 1996.

George, Stephan, *Komm in den totgesagten park.* In: *Deutsche Gedichte.* Hrsg. von Dietrich Bode. Stuttgart: Reclam, 1984.

Goethe, Johann Wolfgang von, *Prometheus.* In: ders.: *Werke.* Hamburger Ausgabe. Hrsg. von Erich Trunz. Bd. 1. Hamburg: Wegner, [7]1967.

Gomringer, Eugen, *Schweigen.* In: *Deutsche Gedichte.* Hrsg. von Dietrich Bode. Stuttgart: Reclam, 1984.

Grass, Günter, *Kinderlied.* In: ders.: *Gedichte und Kurzprosa.* Göttingen: Steidl, 1997.

Gryphius, Andreas, *Thränen in schwerer Krankheit. Anno 1640.* In: ders.: *Gesamtausgabe der deutschsprachigen Werke.* Hrsg. von M. Szyrocki und H. Powell. Bd. 1: *Sonette.* Tübingen: Niemeyer, 1963.

Heine, Heinrich, *Nachtgedanken.* In: *Deutsche Gedichte.* Hrsg. von Dietrich Bode. Stuttgart: Reclam, 1984.

Heym, Georg, *Die Stadt.* In: ders.: *Dichtungen und Schriften.* Hrsg. von Karl Ludwig Schneider. Bd. 1: *Lyrik.* Hamburg, München: Heinrich Ellermann, 1964.

Hölderlin, Friedrich, *Hälfte des Lebens.* In: *Deutsche Gedichte.* Hrsg. von Dietrich Bode. Stuttgart: Reclam, 1984.

Kästner, Erich: *Sachliche Romanze.* In: ders.: *Werke.* Hrsg. von Harald Hartung. Bd. 1: *Zeitgenossen, haufenweise.* München, Wien: Hanser, 1998.

Lasker-Schüler, Else, *Ein alter Tibetteppich.* In: *Deutsche Gedichte.* Hrsg. von Dietrich Bode. Stuttgart: Reclam, 1984.

Logau, Friedrich von, *Des Krieges Buchstaben.* In: ders.: *Deutscher Sinn-Getichte Drey Tausend.* Hildesheim, Zürich, New York: Georg Olms (Nachdr. d. Ausg. Breslau 1654), 1972.

Logau, Friedrich von, *Abgedanckte Soldaten.* In: ders.: *Deutscher Sinn-Getichte Drey Tausend.* Hildesheim, Zürich, New York: Georg Olms (Nachdr. d. Ausg. Breslau 1654), 1972.

Luther, Martin, *Der XLVI. Psalm. Deus noster refugium et virtus.* In: *Die deutsche Literatur. Ein Abriss in Text und Darstellung.* Hrsg. von J. Schmidt. Bd. 3: *Renaissance, Humanismus, Reformation.* Stuttgart: Reclam, 1976.

Meyer, Conrad Ferdinand, *Der römische Brunnen.* In: *Deutsche Gedichte.* Hrsg. von Dietrich Bode. Stuttgart: Reclam, 1984.

Mörike, Eduard, *Er ist's.* In: ders.: *Sämtliche Gedichte.* Hrsg. von Herbert Göpfert. München: dtv, 1975.

Rilke, Rainer Maria, *Der Panther.* In: *1000 Deutsche Gedichte und ihre Interpretationen.* Hrsg. von Marcel Reich-Ranicki. Bd. 5. Frankfurt, Leipzig: Insel, 1994.

Schiller, Friedrich, *Das Lied von der Glocke.* In: ders.: *Gedichte.* Hrsg. von G. Fricke. Stuttgart: Reclam, 1952.

Trakl, Georg, *In den Nachmittag geflüstert.* In: ders.: *Dichtungen und Briefe.* Hrsg. von Walther Killy und Hans Szklenar. 2. erg. Aufl. Salzburg: Otto Müller, 1987.

Unbekannter Dicher, *Dû bist mîn.* In: *Des Minnesangs Frühling.* Hrsg. von K. Lachmann u. a. Stuttgart: Hirzel, 1962.